ESTAMPES JAPONAISES
PRIMITIVES

OUVRAGE TIRÉ A 100 EXEMPLAIRES

Exemplaire N° 2 1

ESTAMPES JAPONAISES PRIMITIVES

TIRÉES DES COLLECTIONS DE :

MM. BING, BLONDEAU, BULLIER, Comte DE CAMONDO, CHIALIVA, M. & Mme CURTIS,
J. DOUCET, Mme GILLOT, HAVILAND, HUBERT, ISAAC,
JACQUIN, R. KŒCHLIN, Mme LANGWEIL, MANZI, MARTEAU, MIGEON, G. MOREAU,
MUTIAUX, DU PRÉ DE SAINT-MAUR, H. RIVIÈRE, A. ROUART,
Léonce ROSENBERG, Ch. SALOMON, Comte DE TRESSAN, H. VEVER, VIGNIER

ET EXPOSÉES

AU MUSÉE DES ARTS DÉCORATIFS

EN FÉVRIER 1909

CATALOGUE DRESSÉ PAR M. VIGNIER

AVEC LA COLLABORATION DE M. INADA

PARIS

Des Ateliers Photo-Mécaniques D.-A. LONGUET

AVANT-PROPOS

L'Exposition d'Estampes Japonaises Primitives que le Musée des Arts Décoratifs organisa, en Février 1909, au Pavillon de Marsan n'avait pas encore eu sa pareille. Sans doute, le public parisien avait été convié souvent à voir des estampes japonaises. Dès 1883, M. Gonse en avait montré quelques-unes à l'Exposition Rétrospective de l'Art Japonais de la salle G. Petit et, en 1889, une grande partie de sa collection était installée au Pavillon des Arts Libéraux de l'Exposition Universelle; l'année suivante, en 1890, S. Bing avait formé, dans les salles de l'École des Beaux-Arts, une sorte de sélection de la gravure japonaise, et sept cents pièces empruntées aux collections parisiennes avaient révélé à beaucoup cet art charmant; en 1892, une section japonaise, dont la collection de M. Vever faisait les frais, était adjointe à l'Exposition du Blanc et Noir aux Champs-Élysées, et, en 1902, on en avait ajouté une à l'Exposition de la Gravure sur Bois à l'Ecole des Beaux-Arts. Lors des ventes Burty (1891), Goncourt (1897), Hayashi (1902), Gillot (1904) et Barbouiau (1904), l'on put voir aussi d'admirables collections d'estampes exposées pour quelques jours à l'Hôtel Drouot, et les amateurs qui s'intéressent à l'art du Japon n'avaient pas manqué de profiter de ces nombreuses occasions pour se faire une idée générale de l'histoire de la gravure japonaise. Mais il convenait, une fois ce tableau d'ensemble présenté, d'en montrer les détails dans des expositions particulières. Bing — car c'est lui dont le nom se trouve à la tête de toutes les manifestations d'art japonais en France — avait marqué la voie en organisant en 1893, dans les galeries Durand-Ruel, une exposition spécialement consacrée à Outamaro et à Hiroshighé; il a semblé à la conservation du Musée des Arts Décoratifs que le moment était venu de reprendre cette idée et de la suivre avec méthode. L'Exposition des Estampes Primitives est la première d'une serie qui présentera, s'il nous est permis de continuer et d'achever le cycle, le progrès de l'estampe au Japon, depuis les pièces boudhiques et Moronobu jusqu'à Hiroshighé et aux derniers acteurs.

Cette première exposition offrait un intérêt tout particulier, car les estampes primitives sont beaucoup plus rares que les autres; à l'exposition de 1890, une trentaine à peine avaient paru, et les expositions qui suivirent n'en montraient guère davantage; de même, à l'étranger, on n'en vit que fort peu, ces dernières années, aux Expositions de Chicago et du Kunstgewerbe Museum de Berlin. Mais il semble que les amateurs de Paris en aient été les premiers et le plus vivement séduits, car il nous fut aisé de trouver dans leurs portefeuilles plus de trois cents pièces primitives, admirables pour la plupart, et nous en aurions pu exposer davantage, grâce à la richesse de leurs séries et à leur inépuisable générosité, si nous n'avions été arrêtés dans notre choix par la crainte de fatiguer un public peu familiarisé encore avec ce genre d'estampes. Sans doute est-ce à la rigueur de la sélection opérée que l'exposition dut une part de son succès.

La réunion de ces trois cents morceaux parut si remarquable que, dès le premier jour, les amateurs exprimèrent le vœu qu'un souvenir en fut conservé sous la forme d'un catalogue abondamment illustré. M. Vignier voulut bien nous offrir de le rédiger gracieusement, en collaboration avec M. Inada; un ami du musée, qui souhaite de n'être pas nommé, facilita l'entreprise, et tous ceux qui liront ce travail sauront le même gré que nous à son auteur et à celui qui en a assuré la publication. Pour l'illustration, M. Longuet y a donné tous ses soins. Nous aurions voulu reproduire quelques planches en couleur, mais leur haut prix et plus encore la difficulté d'obtenir des reproductions exactes, nous ont arrêtés; aussi bien, les clichés noirs nous ont semblé donner une idée très suffisante de la plupart des pièces; quelques-unes seulement ont dû être écartées pour des raisons techniques. Nous nous sommes efforcés, d'ailleurs, de résumer par le choix des estampes reproduites le caractère de l'exposition, tout en omettant à dessein les pièces publiées dans les ouvrages ou catalogues qui sont entre les mains de tous les amateurs, SEIDLITZ, *Geschichte des Japanischen Farbenholzschnitts*, Dresde, 1897, in-8°; MIGEON, *Chefs-d'Œuvre d'Art Japonais*, Paris, 1905, grand in-4°, et les Catalogues d'estampes HAYASHI, GILLOT et BARBOUTAU. Nous n'avons fait d'exceptions que pour quelques morceaux capitaux, dont la reproduction était indispensable dans un album historique des Primitifs Japonais.

Nous espérons que ce volume sera le premier d'une série, lui aussi, et que nous pourrons, à la suite de chacune des expositions projetées, en publier un catalogue illustré; nous donnerions ainsi successivement Harunobu et les acteurs, Kiyonaga et Sharaku, Outamaro et son groupe, Hokusaï, et enfin Hiroshighé avec les derniers paysagistes. Ces six volumes présenteraient, en près de douze cents reproductions caractéristiques, toute l'histoire figurée de la gravure japonaise.

Pour celui-ci, il commence par l'imagerie religieuse que, dès le xviie siècle,

semble-t-il, les moines vendaient aux fidèles et qu'on collait aux piliers des temples
en manière d'ex-votos ; il continue avec Moronobu, le créateur de l'estampe, dont quelques
admirables pièces révèlent le génie, puis ce sont, après l'atelier de Kwaigetsudo et ses
longues figures de femmes d'une noblesse si aisée, les deux grands groupes qui se partagent
la première moitié du xviii° siècle : l'un, celui des Torii, dont Kiyonobu et Kiyomasu sont
les fondateurs et qui s'adonnent surtout aux portraits d'acteurs et à l'illustration des
scènes de théâtre ; l'autre, qu'Okomura Masanobu dirigea plutôt vers la représentation
de la vie et de la grâce des femmes. La plupart des estampes de ces premiers maîtres
sont gravées au trait et les rehauts en couleur, rouges d'abord et bientôt de tons très
divers, qu'on y remarque, ont été ajoutés à la main, sans doute par le maître ou dans son
atelier ; ce sont les pièces qu'on appelle tanyé ; on les nomme urushiyé, quand, à
l'aquarelle, s'ajoutent des frottis de laque noire ou de poudre d'or. Plus tard, vers le
commencement du second tiers du xviii° siècle, l'art de l'impression en couleur — béniyé —
s'introduisit au Japon, importé de Chine ou inventé par les artistes locaux. Il débuta
modestement par des impressions en deux tons, le rose et le vert d'ordinaire ; mais les
vieux artistes habitués à l'enluminure s'empressèrent, comme toute la jeune génération
de leurs élèves, d'adopter le procédé nouveau, et les graveurs des dernières estampes de
Masanobu comme ceux de Toyonobu, de Kiyomitsu et de Kiyohiro surent, avec ces
moyens assez simples en vérité, produire des chefs-d'œuvre d'harmonie. Ce sont les
maîtres qui colorient leurs estampes ou ceux dont les graveurs n'usent que de deux ou
trois planches de couleur qu'on nomme les Primitifs, et le catalogue ne reproduit que
leurs œuvres ; bientôt, ces moyens primitifs ne satisfont plus les peintres, et, en quelques
années, l'on perfectionne les procédés au point d'arriver à employer, sans hésitation
ni gêne, jusqu'à cinq et six planches pour tirer une estampe. Harunobu est le premier,
semble-t-il, dont les graveurs aient porté leur art à une aussi étonnante perfection et
la rupture avec la technique des primitifs se marque d'abord dans ses ouvrages ; nous
nous sommes donc arrêtés à lui : aussi bien, le style même des Primitifs se transforme
dorénavant, et, avec Harunobu, Kiyonaga, Outamaro, c'est son apogée qu'a atteint l'art
des dessinateurs d'estampes, comme celui des éditeurs qui en gravaient les œuvres.

RAYMOND KŒCHLIN.

INDEX

CATALOGUE

PLANCHES

GLOSSAIRE

FORMATS

Kakémonoyé. — Très grand format en hauteur. Environ : 0.550 sur 0.280.

Nagayé ou *Hashirakaké.* — Grand format en hauteur très étroit. Environ : 0.650 sur 0.150.

Makimonoyé. — Grand format en largeur, très bas. Ce format s'employait pour des estampes formant série, qu'on collait bouts à bouts et qui composaient ainsi un makimono (chose qu'on roule). Environ : 0.750 sur 0.200.

Hosoyé. — Petit format étroit en hauteur, créé par les Toriï pour les portraits d'acteurs. Environ : 0.300 sur 0.150.

Yokoyé. — Format en largeur. Environ : 0.500 sur 0.300.

Oban. — Format en hauteur. Environ : 0.450 sur 0.300.

Oban Yokoye. — Grand format en largeur. Environ : 0.650 sur 0.450.

Chuban. — Petit format en hauteur. Environ : 0.300 sur 0.220.

Koban. — Très petit format en hauteur. Environ : 0.250 sur 0.160.

COLORIS

Tanyé. — Estampes coloriées à la main. Dans la gamme des tons usités prédomine généralement le *tan,* qui est un rouge-orange.

Urushiyé. — Estampes coloriées à la main et partiellement laquées. Pour donner du brillant à certaines couleurs, au noir surtout, on y incorporait du vernis à laquer. On employait aussi ce vernis pour fixer des poudres métalliques (bronze ou or).

Béniyé. — Les premières chromoxylogravures japonaises. Elles furent d'abord imprimées en deux tons : un rose (béni) et un vert. Puis en trois et même en quatre tons.

CATALOGUE

ESTAMPES BOUDHIQUES

1. Kakémonoyé. *Ishizuri* (lithographie).

   Kwannon à l'enfant. Une inscription en bas, à gauche, indique que cette estampe est une empreinte prise sur une pierre gravée de Fudasan, à Nankaï (Chine). Un autre texte, à droite de l'estampe, est illisible.

   Pl. 1. — H. 0m690. — L. 0m320.   M. VEVER.

2. Kakémonoyé. Tirage en noir.

   Kojin, sur un rocher, brandissant l'emblème de la foudre. Devant lui, deux chiens affrontés, un noir et un blanc.

   Rep. Cat. Hayashi, Nº 160.

   H. 0m532. — L. 0m259.   M. & Mme A. CURTIS.

3. Kakémonoyé. Tirage en noir.

   Kwannon.

   Pl. 2. — H. 0m594. — L. 0m269.   M. KŒCHLIN.

4. Kakémonoyé. Tirage en noir.

   Fudo. Le texte nous révèle que cette estampe est la gravure d'un dessin de Hoïn Seikwan, et que cet artiste a particulièrement soigné son œuvre, s'arrêtant à chaque coup de pinceau pour prononcer trois prières.

   Pl. 1. — H. 0m665. — L. 0m288.   M. VEVER.

5. Kakémonoyé. Tirage en noir.

   Fudo et ses deux acolytes : Kongara et Seitaka.

   H. 0m546. — L. 0m267.   M. VEVER.

6. Hosoyé. Tirage en noir.

   Assise sur un trône surmonté d'un dais, Kariteibo, la divinité protectrice de l'enfance. Auprès d'elle six jeunes filles.

   H. 0m366. — L. 0m170.   M. CHIALIVA.

MORONOBU

(1638-1714)

7. Kakémonoyé. Tanyé (vermillon, jaune et gris).

   Épisode de la guerre entre les Minamoto et les Taïra. Debout, à la proue d'un bateau, une dame de la cour présente son éventail comme cible au fameux archer Nasu no Yoïchi.

   Non signée.

   Pl. 2. — H. 0m587. — L. 0m290.   M. VIGNIER.

8. Yokoyé. Tirage en noir.

   Chevauchée d'amazones.

   Non signée.

   Pl. 4. — H. 0m308. — L. 0m562.   M. VEVER.

9. Yokoyé. Tanyé (vermillon et violet).

   Groupe de personnages, parmi lesquels on voit Kashiwagi no Yémon, dame de la cour réputée pour son charme et sa beauté. Elle joue avec un chat.

   Non signée.

   H. 0m327. — L. 0m160.   M. VEVER.

10. Yokoyé. Tanyé (vermillon et gris).

    Personnages se promenant sous des pruniers en fleurs.

    Non signée.

    Rep. Migeon, pl. 17.

    Pl. 5. — H. 0m302. — L. 0m448.   M. VEVER.

11. Yokoyé. Tanyé (vermillon et jaune).

    Dames visitant le temple de Kiyomidzu à Kiyoto.

    Non signée.

    Pl. 4. — H. 0m282. — L. 0m398.   M. VEVER.

12. Yokoyé. Tanyé (vermillon et violet).

    Sur une terrasse, une dame, entourée de cinq compagnes, écoute un air de flûte que joue, juché sur un bœuf, un jeune gentilhomme suivi par de petits paysans.

    Non signée.

    Pl. 3. — H. 0m310. — L. 0m540.   M. VEVER.

13. Yokoyé. Tanyé (vermillon et gris).

    Pique-nique sous les cerisiers en fleurs.

    Non signée.

    Pl. 3. — H. 0m300. — L. 0m570.   M. BING.

14. Yokoyé. Tanyé (vermillon et jaune).

    La promenade en bateau.

    Non signée.

    H. 0m302. — L. 0m448.   M. JACQUIN.

15. Une série (complète) de cinq estampes, format makimonoyé. Tanyé (légers rehauts de gris-vert et de rose).

    Ambassade coréenne arrivant à Yédo.

    Non signée.

    H. 0m230. — L. 0m075.   M. VIGNIER.

16. Tanyé. Frontispice d'un album *shungwa* (érotique).

    Couple d'amants guettés par une femme qui se dissimule derrière un paravent.

    Non signée.

    H. 0m270. — L. 0m290.   M. ROUART.

MOROFUSA

(FILS DE MORONOBU)

17. Kakémonoyé. Tirage en noir.

    Scène de théâtre. Sur une terrasse, la courtisane Miyakono Okuni, sa suivante auprès d'elle, lit un livre, tandis que le jeune samuraï Kwanto Koroku Ukiyonosuké, accompagné d'un serviteur, s'engage sur la route qui mène à Yoshida.

    Non signée.

    Estampe semblable rep. Cat. Hayashi, Nº 185.

    H. 0m561. — L. 0m290.   M. DOUCET.

MOROTANÉ (?)

18. Hosoyé. Urushiyé.

Jeune femme assise sur un banc. Elle tient à la bouche une serviette.

Signature manuscrite : Furuyama Morotané.

H. 0m316. — L.   M. VEVER.

KWAÏGETSUDO

Kwaïgetsudo semble être le nom d'une lignée d'artistes débutant comme
peintres dans l'école de Tosa et finissant comme imagiers de l'Ukiyo-yé.

Les estampes ci-après sont signées Norishigé ou Noritoki, ou Yasutomo et
dans les trois cas, le signataire se désigne comme « la dernière pousse »
de Kwaïgetsudo.

19. Kakémonoyé. Tirage en noir.

Bijin (jolie femme) vêtue d'une robe à décor de chapeaux et de
perruques.

Signée : Nippon Kigwa Kwaïgetsu Matsuyo Noritoki.

H. 0m600. — L. 0m292.   M VEVER.

20. Kakémonoyé. Tirage en noir.

Courtisane vêtue d'une robe décorée de caractères d'écriture.

Signée : Kwaïgetsu Matsuyo Norishigé.

H. 0m572. — L. 0m312.   M. KŒCHLIN.

21. Kakémonoyé. Tirage en noir.

Bijin vêtue d'une robe à décor de ponts et de pins. Elle lit un poème.

Signée : Nippon Kigwa Kwaïgetsu Matsuyo Norishigé.

Pl. 6. — H. 0m632. — L. 0m312.   M. VEVER.

22. Kakémonoyé. Tirage en noir.

Courtisane vêtue d'une robe à décor d'iris et de paulownias.

Signée comme la précédente.

Pl. 6. — H. 0m630. — L. 0m302.   M. BING.

23. Kakémonoyé. Tirage en noir.

Bijin assise sur une boîte de confiseries. Elle joue avec un chat.

Signée comme la précédente.

Rep. Migeon, pl. 16.

H. 0m635. — L. 0m308.   M. VEVER.

24. Kakémonoyé. Tanyé (vermillon et jaune).

Tirée sur le même bois que la précédente et coloriée.

Pl. 7. — H. 0m635. — L. 0m308.   M. DOUCET

25. Kakémonoyé. Tirage en noir.

Bijin à la robe décorée de roues hydrauliques et de vagues.

Signée comme la précédente.

Rep. Seidlitz, fig. 30.

H. 0m580. — L. 0m312.   M. VEVER.

26. Kakémonoyé. Tanyé (vermillon et jaune).

Tirée sur le même bois que la précédente et coloriée.

H. 0m550. — L. 0m290.   M. LÉONCE ROSENBERG.

27. Kakémonoyé. Tanyé (vermillon, jaune et violet).

Bijin, dont la robe est décorée de caractères d'écriture et de personnages.

Signée : Nippon Kigwa Kwaïgetsu Matsuyo Yasutomo.

Estampe semblable rep. Cat. Hayashi, N° 189.

H. 0m592. — L. 0m290.   M. DOUCET.

TORII KIYONOBU

(1663-1729)

28. Kakémonoyé. Tirage en noir.

L'acteur Nakamura Gentaro dans le rôle d'une voyageuse. Elle est
vêtue d'une robe décorée de chrysanthèmes et porte une longue
canne.

Non signée.

H. 0m508. — L. 0m302.   M. DOUCET.

29. Kakémonoyé. Tirage en noir.

Bijin, dont la robe est décorée de caractères d'écriture et de fleurs de
paulownia.

Signée : Yamato Hippin Gwashi Torii Kiyonobu.

Pl. 8. — H. 0m555. — L. 0m300.   M. VEVER.

30. Kakémonoyé. Tanyé (vermillon et jaune).

La courtisane Masatsuné, assise sur un banc et arrangeant sa
coiffure.

Non signée.

Rep. Cat. Gillot, N° 42.

H. 0m520. — L. 0m272.   Mme GILLOT.

31. Kakémonoyé. Tanyé (vermillon et violet).

Épisode de la bataille de Ichinotami. Au premier plan, on voit le
guerrier Kumagayé Nawozané, à cheval. Dans le fond, Benkei
et Yoshitsuné.

Non signée.

Pl. 11. — H. 0m540. — L. 0m302.   M. KŒCHLIN.

32. Kakémonoyé. Tanyé (vermillon et jaune).

Kosékiko, à cheval, traversant un pont jeté sur un torrent. Il vient
de jeter sa chaussure dans l'eau.

Cette estampe doit être vraisemblablement accompagnée d'une
autre feuille, faisant pendant, et qui contient le complément de la
scène bien connue : Chorio se jetant trois fois de suite à l'eau pour
repêcher la chaussure de Kosékiko. En récompense de cette persé-
vérance, Kosékiko enseignera à Chorio les secrets de la tactique.

Non signée.

Pl. 11. — H. 0m540. — L. 0m308.   M. VEVER.

33. Kakémonoyé. Tanyé (vermillon et violet).

Dans un paysage, Seïobo et sa suivante, qui lui offre des pêches.
Les figures sont traitées dans le style chinois.

Non signée.

Pl. 15. — H. 0m530. — L. 0m310.   M. VEVER.

34. Kakémonoyé. Tanyé (vermillon et jaune).
Danseuse, dont la robe est décorée d'armoiries, de plumes et de fleurs.
Non signée.
Pl. 9. — H. 0m550. — L. 0m290.   M. Doucet.

35. Kakémonoyé. Tanyé (vermillon et jaune).
Wakashu : Jeune homme vivant des largesses d'une courtisane.
Non signée.
Pl. 8. — H. 0m553. — L. 0m291.   M. Doucet.

36. Kakémonoyé. Tanyé (vermillon et jaune).
Scène de nouvel an. Debout, une courtisane s'abritant de son ombrelle, près d'un jeune homme assis sur un banc. Des pins dans le fond.
Non signée.
Pl. 13. — H. 0m548. — L. 0m290.   M. Doucet.

37. Kakémonoyé. Tanyé (vermillon et jaune).
Couple d'amoureux lisant une affiche du théâtre Nakamuraza, où l'on décrit une nouvelle pièce, nommée du nom de l'héroïne Yawoya Oshichi, belle jeune fille qui fut incendiaire par amour.
Non signée.
Pl. 13. — H. 0m542. — L. 0m282.   M. Doucet.

38. Kakémonoyé. Tanyé (gris et jaune).
Aigle perché sur un roc où pousse du lierre.
Non signée.
Pl. 10. — H. 0m550. — L. 0m285.   M. Doucet.

39. Kakémonoyé. Tanyé (gris et vermillon).
Un homme sur une terrasse. Assise à terre, une femme, un seau près d'elle.
Signée : Torii Kiyonobu.
H. 0m400. — L. 0m268.   M. Vignier.

40. Yokoyé. Tanyé (rouge, vert et violet).
La danse Shakkyo.
Non signée.
Pl. 12. — H. 0m238. — L. 0m342.   M. Rivière.

41. Yokoyé. Tanyé.
Oïran (courtisane) conduisant un jeune homme dans sa maison. C'est le jour de l'an, ainsi que le montrent les pins qui décorent la rue.
Signée : Torii Kiyonobu.
H. 0m280. — L. 0m192.   M. Ch. Salomon.

42. Hosoyé. Tanyé (rose, gris-vert et jaune).
Personnage s'exerçant au *Iyai-Muki*, qui est l'art de sortir de son fourreau, d'un seul geste, un sabre démesuré. Scène représentée par l'acteur Ichikawa Mon no Suké.
Signée : Torii Kiyonobu.
H. 0m300. — L. 0m150.   M. Vever.

43. Hosoyé. Tanyé (vermillon et violet).
Jeune fille vendant des fleurs.
Non signée.
Pl. 9. — H. 0m292. — L. 0m152.   M. Vever.

44. Hosoyé. Tanyé (vermillon et jaune).
Jeune femme sous un saule-pleureur, sa robe décorée de roues et de livres.
Non signée.
Rep. Seidlitz, fig. 3.
H, 0m308. — L. 0m128.   M. Vever.

45. Hosoyé. Tanyé (vermillon et jaune).
Jeune homme accomplissant ses visites du jour de l'an, comme l'indique la décoration de pins.
Non signée.
Pl. 9. — H. 0m312. — L. 0m152.   M. Vever.

46. Hosoyé. Tanyé (vermillon et jaune).
Une dame de la cour, représentée par l'acteur Matsumoto Hyozo.
Non signée.
H. 0m310. — L. 0m152.   M. Vever.

47. Hosoyé. Tanyé (vermillon et jaune).
L'acteur Morita Kanya.
Non signée.
Pl. 7. — H. 0m310. — L. 0m152.   M. Isaac-Dathis.

48. Hosoyé. Tanyé (vermillon et jaune).
Scène de théâtre représentée par deux acteurs, dont l'un est Nakamura Shichisaburo.
Non signée.
Pl. 7. — H. 0m312. — L. 0m148.   M. Isaac-Dathis.

49. Hosoyé. Tanyé (vermillon et jaune).
Portrait de l'acteur Shinomiya Heihachi.
Non signée.
H. 0m321. — L. 0m150.   M. Isaac-Dathis.

50. Hosoyé. Tanyé (jaune et rose).
Scène de théâtre : deux amoureux dialoguant par dessus la crête d'un mur. Ils sont figurés par les acteurs Tsugawa Handayu et Shinomiya Heizo.
H. 0m273. — L. 0m155.   M. Isaac-Dathis.

51. Hosoyé. Tanyé (gris, jaune et rose).
Jeune femme et fillette sous un cerisier. La jeune femme — qui est représentée par l'acteur Iwaï Sagendo — tient à la main un petit sabre enveloppé dans un fourreau d'étoffe.
Non signée.
H. 0m272. — L. 0m148.   M. Migeon.

52. Hosoyé. Tanyé (jaune, gris et rose).
Femme en voyage représentée par l'acteur Ogino Suwa no Jo.
Non signée.
H. 0m270. — L. 0m152.   M. Migeon.

53. Hosoyé. Tanyé (vermillon et jaune).
L'acteur Uta-Ura Jujiro.
Non signée.
H. 0m318. — L. 0m152.   M. Migeon.

54. Hosoyé. Tanyé (gris et vermillon).

Scène de théâtre, où figurent les acteurs Tamazawa Rinya et Mizuki Mikusaburo, en des rôles de femmes, et Sengoku Hikosuké, dans un rôle d'homme.

Non signée.

H. 0ᵐ312. — L. 0ᵐ148.   M. Migeon.

55. Hosoyé. Tanyé (rose-violacé et gris).

Le jeu du *Tsurigitsuné* : Le renard pris au piège. Le renard est ici figuré sous les traits de l'acteur Ségawa Kikunojo. Devant lui, la trappe où pend comme appeau un rat frit. Quand la trappe se fermera, des grelots, qui y sont attachés, tinteront et indiqueront au chasseur caché dans le voisinage que la bête est capturée.

Signée : Torii Kiyonobu.

Pl. 10. — H. 0ᵐ292. — L. 0ᵐ150.   M. Migeon.

56. Hosoyé. Urushiyé.

Même sujet que la précédente, avec en plus un décor de plantes. C'est également l'acteur Ségawa Kikunojo qui représente le renard.

Signée : Torii Kiyonobu.

H. 0ᵐ312. — L. 0ᵐ148.   M. Haviland.

57. Hosoyé. Urushiyé.

Jeune femme revenant de la fête d'Ébisu, portant sur l'épaule une tige de bambou à laquelle sont attachées des devises de bonne aventure.

Signée : Torii Kiyonobu.

Pl. 14. — H. 0ᵐ300. — L. 0ᵐ155.   M. Vever.

58. Hosoyé. Urushiyé.

La servante de restaurant Niuriya Osada représentée par l'acteur Tomizawa Montaro.

Signée : Torii Kiyonobu.

Pl. 10. — H. 0ᵐ302. — L. 0ᵐ150.   M. Vever.

59. Hosoyé. Urushiyé.

Portrait d'une danseuse.

Non signée.

H. 0ᵐ302. — L. 0ᵐ152.   M. Vever.

60. Hosoyé. Urushiyé.

L'acteur Otani Oniji, dans le rôle de Omori Hikoshichi.

Signée : Torii Kiyonobu.

H. 0ᵐ278. — L. 0ᵐ142.   M. Jacquin.

61. Hosoyé. Urushiyé.

Scène de théâtre représentée par les acteurs Sanjo Kantaro et Bando Hikosaburo.

Signée : Torii Kiyonobu.

H. 0ᵐ330. — L. 0ᵐ148.   M. Ch. Salomon.

62. Hosoyé. Urushiyé.

Sa pipe à la main, une oïran est assise sur un banc, avec une petite fille.

Signée : Torii Kiyonobu.

Pl. 12. — H. 0ᵐ302. — L. 0ᵐ150.   M. Koechlin.

63. Hosoyé. Urushiyé.

Scène de théâtre. Un jeune homme et une jeune femme figurés par les acteurs Arashi Wakano et Ichikawa Monosuké.

Signée : Torii Kiyonobu.

Pl. 12. — H. 0ᵐ300. — L. 0ᵐ150.   M. & Mᵐᵉ A. Curtis.

64. Hosoyé. Béniyé (rose).

Scène de théâtre à trois personnages.

Non signée.

H. 0ᵐ250. — L. 0ᵐ122.   Mᵐᵉ Langweil.

65. Hosoyé. Béniyé (vert et rose).

Partie de triptyque.

Acteur. Dans le fond, on voit un théâtre.

Signée : Torii Kiyonobu.

Pl. 14. — H. 0ᵐ288. — L. 0ᵐ135.   M. Haviland.

66. Hosoyé. Béniyé (vert et rose)

L'acteur Ichikawa Yébizo, dans le rôle du dieu Neuriki Arabitogami, représenté comme un guerrier aiguisant un fer de flèche.

Signée : Torii Kiyonobu.

H. 0ᵐ378. — L. 0ᵐ168.   M. Jacquin.

KIYONOBU II

(Fils du Précédent)

67. Hosoyé. Béniyé (vert et rose).

La rixe entre Soga-no-Goro et Asashina Samuro, représentée par les acteurs Nakamura Denkuro et Onoyé Kikugoro.

Signée : Torii Kiyonobu.

H. 0ᵐ282. — L. 0ᵐ132.   M. Bing.

68. Hosoyé. Béniyé (violet et rose).

Jeune fille dansant la danse Shakkyô.

Signée : Torii Kiyonobu.

Rep. Cat. Barboutau, Nᵒ 222.

H. 0ᵐ298. — L. 0ᵐ142.   M. & Mᵐᵉ A. Curtis.

KIYOMASSU

(Florissait de 1716-35)

69. Kakémonoyé. Tirage en noir.

Bijin vêtue d'une robe à décor floral.

Signée : Torii Kiyomasu.

Pl. 17. — H. 0ᵐ574. — L. 0ᵐ312.   M. Doucet.

70. Kakémonoyé. Tirage en noir.

Taquine, une maman lève, haut en l'air, la poupée que convoite sa fillette. La robe de la maman est décorée de pêches, d'oiseaux celle de la fillette.

Signée : Torii Kiyomasu.

H. 0ᵐ630. — L. 0ᵐ313.   M. Vever.

71. Kakémonoyé. Tirage en noir.

Bijin amusant un bébé avec un jouet.

Signée : Torii Kiyomasu.

H. 0ᵐ576. — L. 0ᵐ317.   M. Vever.

72. Kakémonoyé. Tirage en noir.

Kugé à cheval (un kugé est un noble pourvu d'une dignité à la cour). Cette estampe — cas usuel pour les grands formats — a été tirée en deux morceaux, qu'on assemblait après le tirage. La partie inférieure manque ici.

Non signée.

H. 0^m443. — L. 0^m315.   M. Vever.

73. Kakémonoyé. Tanyé (vermillon et violet).

L'acteur Nakamura Senya dans le rôle d'une femme qui porte un parasol.

Signée : Torii Kiyomasu.

Pl. 19. — H. 0^m502. — L. 0^m316.   M. du Pré de Saint-Maur.

74. Kakémonoyé. Tanyé (rouge et violet).

Portrait d'un samuraï.

Signée : Nippon Senkengwa Torii-hi Kiyomasu.

Pl. 17. — H. 0^m565. — L. 0^m312.   M. Doucet.

75. Kakémonoyé. Tanyé (vermillon et jaune).

Faucon liant une grue.

Non signée.

Pl. 21. — H. 0^m562. — L. 0^m285.   M. Doucet.

76. Kakémonoyé. Tanyé (vermillon et jaune).

Faucon sur son perchoir.

Signée : Torii Kiyomasu.

Pl. 21. — H. 0^m518. — L. 0^m290.   M. Doucet.

77. Kakémonoyé. Tanyé (vermillon).

Aigle liant un singe.

Signée : Torii Kiyomasu.

Pl. 20. — H. 0^m508. — L. 0^m311.   M. Manzi.

78. Kakémonoyé. Tanyé (rouge et jaune).

Bijin se promenant dans son jardin et contemplant des bambous.

Signée : Torii Kiyomasu.

Pl. 18. — H. 0^m547. — L. 0^m316.   M. Vever.

79. Kakémonoyé. Tanyé (vermillon et violet).

Jeune homme et jeune fille jouant au jeu du *Sugoroku*.

Signée : Torii Kiyomasu.

Pl. 25. — H. 0^m557. — L. 0^m305.   M. Vever.

80. Kakémonoyé. Tanyé (vermillon et violet).

Bijin jouant avec un oiseau apprivoisé, dont une musmé (fillette) porte la cage.

Signée : Torii Kiyomasu.

Pl. 18. — H. 0^m546. — L. 0^m316.   M. Vever.

81. Kakémonoyé. Tanyé (vermillon et violet).

Courtisane jouant du shamisen, pendant qu'un coiffeur lui arrange les cheveux.

Signée : Torii Kiyomasu.

Rep. Migeon, pl. 16.

Pl. 19. — H. 0^m553. — L. 0^m316.   M. Vever

82. Kakémonoyé. Tanyé (rose et jaune).

Scène de théâtre : dans une rue, Shizuka et un jeune homme.

Signée : Torii Kiyomasu.

H. 0^m470. — L. 0^m327.   M. Vever.

83. Kakémonoyé. Tanyé (vermillon).

Kintoki luttant avec un ours.

Signée : Torii Kiyomasu.

Pl. 16. — H. 0^m550. — L. 0^m322.   M. Vever.

84. Kakémonoyé. Tanyé (vermillon).

Akugenda Yoshihira déracinant, d'un puissant effort, une énorme tige de bambou.

Signée : Torii Kiyomasu.

Pl. 16. — H. 0^m556. — L. 0^m315.   M. Vever.

85. Kakémonoyé. Tanyé (vermillon et jaune).

Des tiges de bambous et des branches fleuries de cerisier dans une jardinière.

Signée : Torii Kiyomasu.

Pl. 14. — H. 0^m528. — L. 0^m312.   M. Vever.

86. Kakémonoyé. Tanyé (vermillon et violet).

Watanabé no Tsuna combattant un démon à Rashomon.

Signée : Torii Kiyomasu.

Rep. Seidlitz, fig. 4.

H. 0^m523. — L. 0^m312.   M. Kœchlin.

87. Kakémonoyé. Tanyé (vermillon et violet).

Épisode de la guerre des Minamoto et des Taïra. Ichiraïhoshi, sautant par dessus un pont, à la bataille d'Ujigawa.

Signée : Torii Kiyomasu.

Pl. 23. — H. 0^m530. — L. 0^m320.   M. Bing.

88. Kakémonoyé. Tanyé (vermillon et jaune).

Un couple chinois circule parmi les nuages, dans un char en forme de nef, que guide un *tennin* (ange). Cette scène est supposée représenter un heureux rêve.

Signée : Torii Kiyomasu.

Pl. 15. — H. 0^m587. — L. 0^m329.   M. Bing.

89. Oban. Béniyé (vert et rose).

L'acteur Ichikawa Yébizo en marchand ambulant. Tout le fond de l'estampe est occupé par un texte, qui est une partie du rôle de l'acteur.

Signée : Torii Kiyomasu.

H. 0^m440. — L. 0^m312.   M. Kœchlin.

90. Yokoyé. Tanyé.

Avant de s'endormir, un couple prend quelques rafraîchissements.

Signée : Torii Kiyomasu.

Pl. 24. — H. 0^m306. — L. 0^m556.   M. Vever.

91. Yokoyé. Tanyé (vermillon et violet).

Le poète Teika voyageant à cheval, guidé par une jolie jeune fille.

Signée : Torii Kiyomasu.

Rep. Migeon, pl. 17.

Pl. 22. — H. 0^m315. — L. 0^m523.   M. Kœchlin.

92. Hosoyé. Tirage en noir.

Otomo no Matori et Kanémichi.

Datée de la 12ᵉ année de Kyoho : 1727. Cette estampe a été publiée comme un calendrier de l'année ci-dessus. Les contours des deux personnages forment des chiffres qui désignent les mois.

Signée : Toriï Kiyomasu.

Pl. 24. — H. 0ᵐ320. — L. 0ᵐ158.   M. VIGNIER.

93. Hosoyé. Tirage en noir.

Un domestique porte en cadeau à un ami de son maître une carpe dans une corbeille. Survient à l'improviste un épervier qui s'empare du poisson et fuit à tire d'aile.

Datée de la 13ᵉ année de Kyoho : 1728. Ainsi que la précédente, cette estampe fut publiée comme calendrier. Même remarque concernant les contours.

Signée : Toriï Kiyomasu.

H. 0ᵐ320. — L. 0ᵐ156.   M. VIGNIER.

94. Hosoyé. Tanyé.

Jeune femme costumée en samuraï.

Non signée.

H. 0ᵐ274. — L. 0ᵐ114.   M. & Mᵐᵉ A. CURTIS.

95. Hosoyé. Tanyé (vert et jaune).

Bijin se mirant.

Signée : Toriï Kiyomasu.

Rep. Seidlitz, fig. 32.

H. 0ᵐ318. — L. 0ᵐ153.   M. VEVER.

96. Hosoyé. Tanyé (vermillon et jaune).

Faucon et perroquet.

Signée : Toriï Kiyomasu.

H. 0ᵐ282. — L. 0ᵐ153.   M. DOUCET.

97. Hosoyé. Urushiyé.

Faisan perché sur un pin.

Signée : Toriï Kiyomasu.

H. 0ᵐ316. — L. 0ᵐ153.   M. DOUCET.

98. Hosoyé. Urushiyé.

Sur un pont ombragé par un saule, l'acteur Sanokawa Ichimatsu, qui revient du théâtre. Il porte divers coffrets contenant sa perruque et ses costumes.

Signée : Toriï Kiyomasu.

H. 0ᵐ293. — L. 0ᵐ142.   M. KŒCHLIN.

99. Hosoyé. Urushiyé.

Servante enlevant la neige des géta (socques) de sa maîtresse. Cette estampe appartient à une série de trois, qui porte le titre de *Modes de Shitaya* (quartier de Yédo).

Signée : Toriï Kiyomasu.

Rep. Cat. Hayashi, Nº 211.

H. 0ᵐ327. — L. 0ᵐ156.   M. KŒCHLIN.

100. Hosoyé. Urushiyé.

L'acteur Ogino Isaburo dans le rôle de Toro Matataro. Il brandit un sabre et les manches de son kimono (robe) lui font comme des ailes.

Signée : Toriï Kiyomasu.

H. 0ᵐ302. — L. 0ᵐ158.   M. VEVER.

101. Hosoyé. Urushiyé.

Du haut d'un pin, un aigle guette un singe, qui cherche à se dissimuler sous un noisetier.

Signée : Toriï Kiyomasu.

Rep. Cat. Hayashi, Nº 217.

H. 0ᵐ328. — L. 0ᵐ156.   M. VEVER.

102. Hosoyé. Urushiyé.

Scène de théâtre représentée par les acteurs Tsugawa Omon, dans un rôle de femme, et Bando Hachi Saburo, dans un rôle d'homme.

Signée : Toriï Kiyomasu.

H. 0ᵐ318. — L. 0ᵐ149.   Mᵐᵉ LANGWEIL.

103. Hosoyé. Urushiyé.

Scène de théâtre à deux personnages, figurés par les acteurs Ichikawa Mon no Suké et Yujo Sodésaki Iséno.

Signée : Toriï Kiyomasu.

H. 0ᵐ313. — L. 0ᵐ132.   M. ROUART.

104. Hosoyé. Urushiyé.

Scène de théâtre représentée par les acteurs Hagino Isaburo et Ichimura Takénosuké.

Signée : Toriï Kiyomasu.

Rep. Cat. Hayashi, Nº 212.

H. 0ᵐ319. — L. 0ᵐ153.   M. RIVIÈRE.

105. Hosoyé. Urushiyé.

Servante enlevant la neige des géta de sa maîtresse.

Signée : Toriï Kiyomasu.

Pl. 23. — H. 0ᵐ303. — L. 0ᵐ145.   M. BLONDEAU.

106. Triptyque hosoyé. Urushiyé.

Sur chacune des trois estampes, on voit une oïran accompagnée d'une kamuro (apprentie courtisane). Ces trois courtisanes illustrent les types de beauté et les modes alors en vogue dans les trois villes les plus importantes du Japon, et qui sont (en lisant le triptyque de droite à gauche) : Yédo, Kyoto et Osaka.

Signée : Toriï Kiyomasu.

Pl. 22. — H. 0ᵐ295. — L. 0ᵐ470.   M. & Mᵐᵉ A. CURTIS.

107. Hosoyé. Béniyé (vert et rose).

Scène de théâtre. La dame Nakagami et Saïtogo, figurés par les acteurs Ségawa Kikunojo et Onoyé Kikugoro. Au fond, une treille de glycines.

Pl. 23. — H. 0ᵐ284. — L. 0ᵐ137.   M. HAVILAND.

108. Hosoyé. Béniyé (vert et rose).

Scène de théâtre à deux personnages.

Non signée.

H. 0ᵐ277. — L. 0ᵐ123.   M. HAVILAND.

109. Hosoyé. Béniyé (rouge).

Première feuille d'une série (de trois probablement) sur la pièce *Onna Moji Heike Monogatari*. On y voit l'acteur Ichikawa Ebizo dans le rôle de Watanabé Genzo.

Signée : Toriï Kiyomasu.

H. 0ᵐ285. — L. 0ᵐ138.   M. JACQUIN.

MASANOBU

(Florissait vers 1716-1735)

110. Kakémonoyé. Tirage en noir.
Bijin vêtue d'une robe à décor de livres.
Signée : Tobu Yamato no Yeshi Okumura Masanobu.
Pl. 26. — H. 0ᵐ585. — L. 0ᵐ322. M. G. Moreau.

111. Kakémonoyé. Tirage en noir.
Shoki. (Voir n° 192, une estampe analogue de Shigénaga.)
Signée : Hogetsudo Bunkaku Okumura Masanobu.
H. 0ᵐ588. — L. 0ᵐ240. M. Hubert.

112. Kakémonoyé. Tanyé.
Portrait de Kichisa. Il tient une lettre adressée à son amante
Yawoya Oshichi. (Voir n° 37.)
Signée : Hogetsudo Shomei Okumura Bunkaku Masanobu.
Pl. 31. — H. 0ᵐ715. — L. 0ᵐ255. M. & Mᵐᵉ A. Curtis.

113. Kakémonoyé. Tanyé.
Wakashu portant un parasol.
Signée : Hogetsudo Shomei Kompon Okumura Bunkaku Masanobu.
Masanobu est remarquable par l'amplitude et la variété de ses
signatures. Ici, il s'intitule le fondateur (Kompon) de l'Ukiyoyé.
Pl. 29. — H. 0ᵐ631. — L. 0ᵐ218. M. & Mᵐᵉ A. Curtis.

114. Kakémonoyé. Tanyé.
Courtisane chargeant sa suivante de porter un message à son amant.
Signée : Hogetsudo Shomei Okumura Masanobu.
Estampe semblable rep. Cat. Hayashi,
N° 286.
H. 0ᵐ482. — L. 0ᵐ242. M. & Mᵐᵉ A. Curtis.

115. Kakémonoyé. Tanyé.
Estampe semblable à la précédente.
Pl. 32. — H. 0ᵐ603. — L. 0ᵐ249. M. Vignier.

116. Kakémonoyé. Tanyé.
Jeune femme par un jour de vent.
Signée : Hogetsudo Okumura Bunkaku Masanobu.
Estampe semblable rep. Cat. Gillot,
N° 97.
Pl. 31. — H. 0ᵐ693. — L. 0ᵐ241. M. Doucet.

117. Kakémonoyé. Tanyé (rouge et jaune).
Portrait d'une dame de la cour. Auprès d'elle, une cage.
Signée : Yamato no Yeshi Okumura Masanobu.
Pl. 26. — H. 0ᵐ562. — L. 0ᵐ298. M. Doucet.

118. Kakémonoyé. Tanyé (vermillon et jaune).
Oïran vêtue d'une robe décorée d'écritures et de stores fleuris.
Signée : Okumura Masanobu.
H. 0ᵐ537. — L. 0ᵐ293. M. Doucet.

119. Kakémonoyé. Tanyé (vermillon et violet).
L'acteur Tsutsui Kichijuro en *Yakko* (serviteur de Daïmio).
Non signée.
Pl. 27. — H. 0ᵐ542. — L. 0ᵐ314. M. Bing.

120. Kakémonoyé. Tanyé.
A cheval, un jeune samuraï passe dans la rue. D'une fenêtre, deux
jeunes filles le regardent.
Signée : Okumura Bunkaku Masanobu.
Pl. 35. — H. 0ᵐ730. — L. 0ᵐ242. Mᵐᵉ Langweil.

121. Kakémonoyé. Tanyé.
Portrait du fameux homme d'État Temmangu, aussi nommé
Sugawara no Michizané.
Signée : Hogetsudo Tanchosaï Okumura Shimmyo Bunkaku
Masanobu.
Pl. 35. — H. 0ᵐ662. — L. 0ᵐ245. M. Ch. Salomon.

122. Kakémonoyé. Tanyé (rouge et jaune).
Dans un paysage, un gentilhomme lit un poème à une jeune femme
Derrière lui, deux serviteurs.
Signée : Okumura Masanobu.
Pl. 33. — H. 0ᵐ506. — L. 0ᵐ308. M. Mutiaux.

123. Kakémonoyé. Urushiyé.
Portrait de l'acteur Ichikawa Yébizo.
Signée : Okumura Bunkaku Masanobu.
Pl. 29. — H. 0ᵐ700. — L. 0ᵐ258. M. Vever.

124. Nagayé. Tirage en noir.
Jeune homme en kimono rayé. Il joue du shaku-hachi (sorte de
flûte).
Signée : Hogetsudo Shomei Okumura Bunkaku Masanobu.
H. 0ᵐ726. — L. 0ᵐ158. M. Manzi.

125. Nagayé exceptionnellement grand. Tanyé.
Portrait d'une courtisane tenant une pipe.
Signée : Hogetsudo Tanchosaï Okumura Bunkaku Masanobu.
Pl. 40. — H. 1ᵐ06. — L. 0ᵐ161. M. Doucet.

126. Nagayé. Tanyé.
Jeune homme portant une lettre.
Signée : Okumura Masanobu.
Pl. 32. — H. 0ᵐ672. — L. 0ᵐ237. M. Mutiaux.

127. Nagayé. Tanyé.
Oïran lisant une lettre d'amour.
Signée : Hogetsudo Shomei Okumura Bunkaku Masanobu.
Pl. 34. — H. 0ᵐ691. — L. 0ᵐ155. M. Manzi.

128. Nagayé. Tanyé.
Portrait d'un jeune komuso (banni), dont le kimono s'orne d'une
carpe.
Signée : Hogetsudo Shomei Okumura Bunkaku Masanobu.
Pl. 34. — H. 0ᵐ622. — L. 0ᵐ141. M. Manzi.

129. Nagayé. Tanyé.
Jeune femme portant un parasol.
Signée : Hogetsudo Shomei Bunkaku Masanobu.
Pl. 34. — H. 0ᵐ632. — L. 0ᵐ158.   M. VEVER.

130. Nagayé. Tanyé.
Bijin regardant son chat qui joue avec une balle.
Signée : Hogetsudo Okumura Bunkaku Masanobu.
Pl. 28. — H. 0ᵐ668. — L. 0ᵐ152.   M. LÉONCE ROSENBERG.

131. Nagayé. Béniyé.
Wakashu, au manteau rayé, et dont la robe est décorée d'oiseaux.
Signée : Hogetsudo Shomei Okumura Masanobu.
Estampe semblable rep. Cat.
Hayashi, N° 273.
Pl. 28. — H. 0ᵐ697. — L. 0ᵐ138.   M. DOUCET.

132. Nagayé. Béniyé.
Estampe semblable à la précédente.
                                               M. MANZI.

133. Nagayé. Béniyé.
Jeune samuraï revenant d'un pique-nique printanier. Il rapporte
une branche de cerisier en pleine floraison.
Non signée.
Pl. 33. — H. 0ᵐ663. — L. 0ᵐ158.   M. VEVER.

134. Oban. Béniyé (vert et rose).
Planant dans les airs, Kumé no Sennin aperçut une jeune personne
lavant son linge dans le ruisseau. Rapide comme la pensée, il se
projeta auprès de l'accorte et court-vêtue lavandière... Hélas ! Il ne
put jamais remonter dans l'azur. Ce regrettable accès de concupis-
cence avait coûté au Sennin son pouvoir de lévitation.
La scène est ici figurée par les acteurs Ichimura Kamézo et Nakamura Kumétaro.
Signée : Okumura Bunkaku Masanobu.
Pl. 38. — H. 0ᵐ381. — L. 0ᵐ270.   M. BING.

135. Oban. Béniyé (rose et vert).
Une jeune femme, sortant du bain, regarde un coq et une poule.
Un petit poème nous apprend, qu'à contempler ce couple de
volailles, la jeune femme regrette sa solitude.
Signée : Hogetsudo Okumura Bunkaku Masanobu.
Rep. Seidlitz, fig. 40.
Pl. 38. — H. 0ᵐ435. — L. 0ᵐ308.   M. VEVER.

136. Oban yokoyé. Tanyé.
L'intérieur d'un théâtre. L'acteur qu'on voit en scène joue le rôle
du dieu Neuriki Arabitogami.
Signée : Hogetsudo Tanchosaï Okumura Bunkaku Masanobu.
Au-dessus de cette signature, Masanobu s'annonce comme le créateur
des Yédoyé. On appelait alors les estampes Yédoyé, dessins de
Yédo.
Pl. 42. — H. 0ᵐ455. — L. 0ᵐ672.   M. DOUCET.

137. Oban yokoyé. Tanyé.
Dans le voisinage d'un théâtre, une rue entièrement occupée par des
agences théâtrales (Shibaïjaya).
Non signée.
Pl. 30. — H. 0ᵐ430. — L. 0ᵐ641.   M. ROUART.

138. Oban yokoyé. Tanyé.
Scène de rue. Les abords d'un théâtre.
Non signée.
H. 0ᵐ120. — L. 0ᵐ630.   M. BING.

139. Yokoyé. Béniyé (vert et rose).
Dans un bateau voguant sur la Sumida, des jeunes hommes et des
jeunes femmes admirent les acrobaties d'un singe savant.
Signée : Okumura Bunkaku Masanobu.
Rep. Seidlitz, fig 5.
H. 0ᵐ320. — L. 0ᵐ446.   M. VEVER.

140. Yokoyé. Tanyé.
Dans un bateau, une jeune femme est allongée ; auprès d'elle, un
jeune homme joue du tambourin. Réminiscence de l'Ukifuné (bateau
flottant) du Genji Monogatari.
Signée : Okumura Masanobu.
H. 0ᵐ303. — L. 0ᵐ427.   M. LE COMTE DE TRESSAN.

141. Yokoyé. Tanyé.
Estampe probablement extraite d'un album shungwa. Couple
regardant un jeune homme qui s'apprête à écrire une lettre.
Non signée.
Pl. 36. — H. 0ᵐ267. — L. 0ᵐ355.   M. HUBERT.

142. Yokoyé. Tanyé.
Couple d'amants. L'homme demi-nu sort de la moustiquaire, une
coupe à la main ; la femme fume sa pipette.
Frontispice d'un album shungwa.
Non signée.
H. 0ᵐ267. — L. 0ᵐ372.   M. VEVER.

143. Yokoyé. Béniyé (vert et rose passé).
Pique-nique sous les cerisiers en fleurs.
Signée : Okumura Bunkaku Mazanobu.
Pl. 37. — H. 0ᵐ202. — L. 0ᵐ455.   M. VEVER.

144. Yokoyé. Béniyé (vert et rose).
Allongés sur une branche de prunier qui surplombe un ruisselet, un
homme et plusieurs courtisanes. Ils jouent à s'imaginer qu'ils sont
en bateau.
Signée : Okumura Bunkaku Masanobu
Pl. 39. — H. 0ᵐ312. — L. 0ᵐ438.   M. VEVER.

145. Yokoyé. Béniyé.
La poétesse Ono no Komachi lavant dans l'eau d'un bassin son
manuscrit de poésies, afin d'en effacer les mauvais vers qu'un
jaloux y avait subrepticement insérés.
Signée : Hogetsudo Tanchosaï Okumura Bunkaku Masanobu.
H. 0ᵐ308. — L. 0ᵐ459.   M. & Mᵐᵉ A. CURTIS.

146. Chuban. Urushiyé sur fond micacé (kirara).
Femme de Kyoto vendant des coussins.
Non signée.
Pl. 30. — H. 0m302. — L. 0m218.   M. KŒCHLIN.

147. Chuban. Urushiyé sur fond micacé.
La marchande d'éventails.
Non signée.
Pl. 30. — H. 0m311. — L. 0m222.   M. & Mme A. CURTIS.

148. Chuban. Tanyé.
Komuso jouant du shakuhachi (flûte).
Signée : Hogetsudo Tauchosaï Okumura Masanobu.
H. 0m312. — L. 0m215.   M. & Mme A. CURTIS.

149. Deux états d'un frontispice d'album. Tirage en noir.
Sur l'un, on voit un personnage — qu'on peut présumer être Masanobu lui-même — signer de son nom un paravent qu'il vient de
peindre. Auprès de l'artiste, un jeune homme et une jeune fille. La
seconde estampe offre le même sujet, sauf que Masanobu écrit la
préface de son livre sur le paravent : « Les faucons de l'Empereur
Kito et les pruniers du philosophe Linna sont trop précieux et rares
pour se trouver dans les collections d'aujourd'hui. Ce volume de
dessins d'Okumura Masanobu rappelle tantôt les styles anciens et
tantôt représente les scènes contemporaines avec esprit et tact.
Pour ne pas garder le plaisir et ne pas avoir de reproches des
autres, je le fais graver sur le cerisier. »
Dimensions de chaque feuille :
H. 0m250. — L. 0m340.   M. HAVILAND.

150. Triptyque hosoyé, non coupé. Béniyé (rose, vert et violet).
Plaisirs d'été à Riogoku. Des couples s'ébattent. Dans le fond,
à gauche, on voit l'échoppe d'un apothicaire, qui offre toutes sortes
de produits destinés à améliorer la santé, et notamment une
certaine drogue recommandée aux hommes affaiblis.
Signée : Mangetsudo.
Pl. 39. — H. 0m281. — L. 0m428.   M. HAVILAND.

151. Triptyque hosoyé. Béniyé, non coupé (rose et vert).
Même estampe que la précédente.
Signée : Shomei Hogetsudo Okumura Bunkaku Masanobu.
H. 0m281. — L. 0m428.   M. VEVER.

152. Triptyque hosoyé, non coupé. Béniyé (vert et rose).
Les trois fameuses beautés du Yoshiwara : Kayaï, Omu et
Soshiaraï. Auprès d'elles, un homme portant une lanterne.
Signée : Hogetsudo.
Rep. Cat. Hayashi, No 325.
H. 0m300. — L. 0m425.   M. KŒCHLIN.

153. Triptyque hosoyé, non coupé. Béniyé (vert et rose).
Femmes sortant du bain. Deux sont debout, l'autre assise.
Signée : Mangetsudo.
H. 0m317. — L. 0m452.   M. VEVER.

154. Triptyque hosoyé, non coupé. Béniyé (vert et rose).
Dans chaque feuille du triptyque, on voit le portrait, avec une
oïran, d'une kamuro en renom.
Signée : Mangetsudo.
H. 0m312. — L. 0m437.   M. VEVER.

155. Triptyque hosoyé, non coupé. Béniyé (vert et rose).
Dames sur leur terrasse, par une soirée de printemps.
Non signée.
Pl. 36. — H. 0m323. — L. 0m452.   M. VEVER.

156. Triptyque hosoyé, non coupé. Beniyé (vert et rose).
Près de cerisiers fleuris, on voit, chacun sous un parasol, trois couples
d'amoureux.
Signée : Hogetsudo Shomei Okumura Masanobu.
H. 0m302. — L. 0m437.   M. BING.

157. Hosoyé. Tirée en réserve de blanc sur fond noir. (Ce mode
d'impression, imitant l'empreinte d'une pierre gravée, est dit
dans le style Ishizuri.) Le prêtre pèlerin Saïgio monté sur un
bœuf et méditant au pied du Fuji.
Signée : Hogetsudo Okumura Masanobu.
H. 0m320. — L. 0m148.   M. JACQUIN.

158. Hosoyé. En réserve de blanc sur fond noir.
Narihira traversant à cheval le pont de Sano no Watari.
Signée : Hogetsudo Okumura Masanobu.
Pl. 24. — H. 0m318. — L. 0m148.   M. JACQUIN.

159. Hosoyé. En réserve de blanc sur fond noir.
Tigre dans un fourré de bambous.
Signée : Hogetsudo Okumura Masanobu.
H. 0m318. — L. 0m148.   M. CHIALIVA.

160. Hosoyé. En réserve de blanc sur fond noir.
Dans un bateau, avec deux enfants, le dieu Hotei. Il lave une coupe
à saké dans les flots.
Signée : Okumura Masanobu.
H. 0m322. — L. 0m148.   M. VEVER.

161. Hosoyé. Tanyé (vermillon et jaune).
Faisan perché sur un prunier.
Signée : Okumura Masanobu.
H. 25. — H. 0m317. — L. 0m129.   M. VEVER.

162. Hosoyé. Tanyé.
Buste de jeune homme encadré dans un éventail.
Signée : Hogetsudo Okumura Masanobu.
H. 0m315. — L. 0m156.   M. KŒCHLIN.

163. Hosoyé. Tanyé.
Bijin vêtue d'une robe décorée des douze animaux symboliques des
heures.
Signée : Mangetsudo.
Pl. 27. — H. 0m322. — L. 0m152.   M. VEVER.

164. Hosoyé. Urushiyé. Partie de triptyque.

L'acteur Sanjo Kantaro dans un rôle de femme.

H. 0ᵐ308. — L. 0ᵐ140.   M. ROUART.

165. Hosoyé. Urushiyé.

Servantes de l'auberge des glycines au pied du Fuji.

Signée : Okumura Masanobu.

Pl. 27. — H. 0ᵐ301. — L. 0ᵐ152.   M. ROUART.

166. Hosoyé. Urushiyé.

L'acteur Hayékawa Shinkatsu dans le rôle d'une courtisane.

Signée : Nippon Gwako Okumura Masanobu.

H. 0ᵐ309. — L. 0ᵐ152.   M. ROUART.

167. Hosoyé. Urushiyé.

Le prêtre pélerin Saïgio contemplant le Fuji.

Signée : Okumura Masanobu.

H. 0ᵐ325. — L. 0ᵐ139.   M. ROUART.

168. Hosoyé. Urushiyé. Partie de triptyque.

Le Bosatsu Monju figuré par un samuraï assis sur un shishi (lion
chimérique).

Signée : Okumura Masanobu.

H. 0ᵐ302. — L. 0ᵐ136.   M. BING.

169. Hosoyé. Urushiyé.

Bijin assise sous un prunier.

Signée : Okumura Genroku.

H. 0ᵐ282. — L. 0ᵐ148.   M. HAVILAND.

170. Hosoyé. Urushiyé.

Femme assise sur un banc.

Signée : Okumura Genroku.

H. 0ᵐ317. — L. 0ᵐ148.   M. VEVER.

171. Hosoyé. Urushiyé.

Jeune femme mettant son kimono à sécher au soleil, sur la terrasse
surmontant le toit de la maison.

Signée : Nippon Gwako Okumura Shimmyo Masanobu.

Pl. 33. — H. 0ᵐ335. — L. 0ᵐ155.   M. VEVER.

172. Hosoyé. Urushiyé.

Portrait d'une danseuse célèbre, Inaba Omatsu (de son nom de
théâtre Jatsuoka Hisagiku), que sa renommée fit venir de Kyoto
à Yédo.

Signée : Hogetsudo Okumura Masanobu.

Pl. 33. — H. 0ᵐ318. — L. 0ᵐ149.   M. & Mᵐᵉ A. CURTIS.

173. Hosoyé. Urushiyé.

L'acteur Ichikawa Danjuro dans le rôle de Ikéno Shoji. Il brandit
un prodigieux navet.

Signée : Nippon Ukiyoyé Ryu Kompon Okumura Shimmyo
Masanobu.

H. 0ᵐ319. — L. 0ᵐ157.   M. JACQUIN.

174. Hosoyé. Béniyé (vert et rose).

Jeune fille faisant se mouvoir une marionnette.

Signée : Hogetsudo Okumura Bunkaku Masanobu.

Rep. Cat. Hayashi, Nᵒ 280.

H. 0ᵐ302. — L. 0ᵐ147.   M. LE COMTE I. DE CAMONDO.

175. Hosoyé. Béniyé (vert et rose).

Scène de théâtre représentée par les acteurs Ichimura Uyémon et
Arashi Koroku.

Signée : Hogetsudo Shomei Okumura Bunkaku Masanobu.

A droite de l'estampe, dans le coin inférieur, on lit cet avertissement :
Le public est respectueusement prié de remarquer que les caractères
Sho-mei (authentique) sont imprimés sur toutes les estampes sortant
de ma maison. (On sait, en effet, que Masanobu fut à la fois artiste
et imprimeur-éditeur.) Et cela, afin d'éviter les nombreuses imi-
tations qui ont été faites en se servant de mes estampes comme
d'originaux, qu'on gravait sur un nouveau bois.

Pl. 37. — H. 0ᵐ297. — L. 0ᵐ142.   M. ROUART.

176. Hosoyé. Béniyé (rose et vert passés).

Musko (garçonnet) monté sur un bœuf, et jouant de la flûte. Deux
petits paysans l'accompagnent.

Signée : Okumura Bunkaku.

H. 0ᵐ320. — L. 0ᵐ147.   M. ROUART.

177. Hosoyé. Béniyé (vert et rose).

L'acteur Onoyé Kikuguro figurant une femme à la fête des étoiles,
qui a lieu le 7 juillet de chaque année.

Pl. 41. — H. 0ᵐ297. — L. 0ᵐ142.   M. ROUART.

178. Hosoyé. Béniyé (rose et vert).

Pièce centrale d'un triptyque intitulé : Portraits de trois personnages
célèbres, passés après leur mort à l'état de divinités. — La poétesse
Sotorihimé.

Signée : Hogetsudo Okumura Masanobu.

Pl. 41. — H. 0ᵐ282. — L. 0ᵐ138.   M. ROUART.

179. Hosoyé. Béniyé (vert et rose).

Fauconnier. Planche centrale d'un triptyque intitulé : Les trois rêves
heureux d'une nuit de nouvel an. Ces trois rêves sont, à commencer
par le plus favorable : le Fuji, puis le fauconnier et enfin l'aubergine.

Signée : Hogetsudo Okumura Bunkaku Masanobu.

Pl. 25. — H. 0ᵐ293. — L. 0ᵐ138.   M. & Mᵐᵉ A. CURTIS.

180. Hosoyé. Béniyé (rose et vert).

Partie gauche d'un triptyque : Deux amoureux sous un parasol.

Signée : Okumura Masanobu.

Rep. Cat. Hayashi, Nᵒ 282.

Pl. 0ᵐ318. — L. 0ᵐ147.   M. G. MOREAU.

181. Hosoyé. Béniyé (vert et rose).

A l'entrée d'une auberge, un jeune homme attend que son serviteur
lui ait enlevé ses géta.

Non signée.

H. 0ᵐ277. — L. 0ᵐ128.   M. HAVILAND.

182. Hosoyé. Béniyé (rose et vert).

Partie d'une série intitulée : Modèles de costumes de dames. Portrait
de la poétesse Ono no Komachi.

Signée : Hogetsudo Okumura Bunkaku Masanobu.

Pl. 40. — H. 0ᵐ290. — L. 0ᵐ139.   M. HAVILAND.

183. Hosoyé. Béniyé (vert et rose).

Partie de triptyque : Bijin se promenant, abritée sous son parasol.

Signée : Shomei Hogetsudo Okumura Bunkaku Masanobu.

Pl. 40. — H. 0m300. — L. 0m145.   M. VEVER.

184. Hosoyé. Béniyé (deux tons passés).

Pièce centrale d'un triptyque : La poétesse Ono no Komachi lisant un livre, que tient une petite suivante.

Signée : Nippon Tobu Yeshi Hogetsudo Tanchosaï Okumura Masanobu.

Rep. Migeon, pl. 19.

Pl. 37. — H. 0m311. — L. 0m152.   M. VEVER.

185. Hosoyé. Béniyé (rose et vert).

L'acteur Onoyé Kikugoro dans le rôle de Soga no Goro.

Signée : Shomei Hogetsudo Okumura Bunkaku Masanobu.

Pl. 40. — H. 0m308. — L. 0m136.   M. VIGNIER.

HANÉKAWA CHINCHO

(ÉLÈVE DE KIYONOBU, 1679-1754)

186. Kakémonoyé. Tanyé (rouge).

Accompagnée de ses deux kamuro, la courtisane Kokonoyé, de la maison Nishidaya — dont l'adresse est donnée : Védomachi.

Signée : Hanékawa Chincho.

Rep. Cat. Hayashi, N° 235.

H. 0m444. — L. 0m310.   M. VEVER.

CHIUCHO

187. Hosoyé. Urushiyé.

Partie de triptyque. Femme se mirant.

Signée : Hanékawa Chiucho Motonobu.

Pl. 45. — H. 0m300. — L. 0m150.   M. VEVER.

KIYOSHIGHÉ

(ÉLÈVE DE KIYONOBU, VERS 1716-1735)

188. Kakémonoyé. Urushiyé.

L'acteur Otani Hiroji dans le rôle de Amakawaya Gihei. Gihei eut l'honneur de fournir aux 47 Ronins des vêtements et des armes. Pour ce fait, il fut emprisonné. On le tortura longuement afin d'obtenir l'aveu de sa participation au coup de force des Ronins. Mais il se borna à répondre : «Amakawaya Gihei a agi galamment. Il a simplement accompli ce qu'il désirait et il n'a rien à dire à ce sujet. »

Signée : Torii Kiyoshighé.

H. 0m637. — L. 0m230.   M. DOUCET.

189. Nagayé. Tanyé.

L'acteur Ichikawa Yébizo dans le rôle de Watanabé Genji; il est vêtu d'une ample robe rouge ornée d'un mon (armoire).

Signée : Torii Kioshighé.

H. 0m660. — L. 0m167.   M. KŒCHLIN.

KIYOTADA

(ÉLÈVE DE KIYONOBU)

190. Kakémonoyé. Tirage en noir.

Marchande de fleurs.

Signée : Torii Kiyotada.

H. 0m577. — L. 0m306.   M. ISAAC-DATHIS.

191. Hosoyé. Urushiyé.

Samuraï entrant dans un temple. Il est vêtu d'une robe noire à raies chinées rose et jaune, et porte son chapeau sur la tête.

Signée : Torii Kiyotada.

Pl. 44. — H. 0m277. — L. 0m149.   M. HAVILAND.

NAKAJI SADATOSHI

(VERS 1730)

192. Kakémonoyé. Tirage en noir.

Kintoki agaçant un ours.

Non signée.

Rep. Cat. Hayashi, N° 353.

H. 0m420. — L. 0m300.   M. G. MOREAU.

SHIGÉNAGA

(VERS 1716-1735)

193. Kakémonoyé. Tirage en noir.

Shoki. Voir n° III, une estampe analogue de Masanobou.

Signée : Nishimura Shigénaga.

Rep. Seidlitz, fig. 39.

H. 0m590. — L. 0m225.   M. KŒCHLIN.

194. Yokoyé. Tanyé.

Intérieur de théâtre.

Signée : Senkwado Nishimura Shigénaga.

H. 0m309. — L. 0m430.   M. HAVILAND.

195. Hosoyé. Tanyé.

Jeune nonne fumant la pipette dans sa maison. Elle est vêtue d'une robe rayée à décor floral.

Signée : Nippon Gwako Nishimura Shigénaga.

Rep. Cat. Hayashi, N° 305.

Pl. 45. — H. 0m340. — L. 0m157.   M. VEVER.

196. Hosoyé. Urushiyé.

Jeune homme à l'éventail. Il est vêtu d'un manteau noir décoré de fleurs.

Signée : Nishimura Shigénaga.

H. 0m316. — L. 0m111.   M. LÉONCE ROSENBERG.

197. Hosoyé. Urushiyé.

Aigle sur une branche de pin, guettant un singe, tapi sous un noisetier.

Signée : Nishimura Shigénaga.

H. 0m312. — L. 0m157.   M. VEVER.

198. Hosoyé. Urushiyé.

Aigle sur un rocher.

Signée : Nishimura Shigénaga.

Rep. Cat. Hayashi, N° 313.

Pl. 20. — H. 0m321. — L. 0m149.　　　　　M. Chialiva.

199. Hosoyé. Urushiyé.

Deux grues parmi des chrysanthèmes.

Signée : Nishimura Shigénaga.

Pl. 53. — H. 0m309. — L. 0m158.　　　　　M. Bing.

200. Hosoyé. Béniyé.

Canards barbotant dans un cours d'eau.

Non signée.

H. 0m334. — L. 0m151.　　　　　M. Rouart.

TOYONOBU

(1710-1785)

201. Kakémonoyé. Tanyé.

Jeune fille faisant se mouvoir une marionnette. Elle porte une robe blanche et sa ceinture grise est ornée de fleurettes et de losanges jaunes et roses.

Signée : Ishikawa Shuhan Toyonobu.

H. 0m665. — L. 0m245.　　　　　M. Vever.

202. Kakémonoyé. Tanyé.

Jeune homme portant une lanterne.

Signée : Ishikawa Shuhan Toyonobu.

H. 0m588. — L. 0m249.　　　　　M. Vever.

203. Kakémonoyé. Tanyé.

Jeune femme se promenant par un soir d'été. Elle porte un éventail et une petite lanterne.

Signée : Ishikawa Shuhan Toyonobu.

Pl. 47. — H. 0m515. — L. 0m242.　　　　　M. Vever.

204. Kakémonoyé. Tanyé.

Jeune femme attachant un tanzaku (bande étroite de papier, sur laquelle on écrit un poème) à la branche d'un cerisier.

Signée : Ishikawa Shuhan Toyonobu.

Pl. 47. — H. 0m507. — L. 0m229.　　　　　M. Mutiaux.

205. Kakémonoyé. Tanyé.

Portrait d'une courtisane. Elle est vêtue d'une robe à décor floral et d'une ceinture rayée.

Signée : Ishikawa Shuyan Toyonobu.

H. 070. — L. 0m143.　　　　　Mme Langweil.

206. Kakémonoyé. Urushiyé.

Bijin lisant une poésie écrite sur un tanzaku qui pend à la branche fleurie d'un cerisier.

Signée : Ishikawa Shuhan Toyonobu.

Pl. 50. — H. 0m499. — L. 0m177.　　　　　M. Doucet.

207. Kakémonoyé. Béniyé (rose et vert).

Jeune homme arrangeant le volant d'une jeune fille, qui tient sa raquette.

Signée : Ishikawa Shuhan Toyonobu.

H. 0m836. — L. 0m330.　　　　　M. Haviland.

208. Nagayé. Tanyé.

Jeune homme portant une lanterne et un parasol. Il est vêtu d'une robe violette à décor jaune.

Signée : Ishikawa Shuhan Toyonobu.

Pl. 49. — H. 0m715. — L. 0m154.　　　　　M. Manzi.

209. Nagayé. Tanyé.

Bijin, une gerbe de fleurs à la main et lisant un poème. Elle porte une ceinture jaune et une robe violette à décor rose.

Signée : Ishikawa Shuyan Toyonobu.

Pl. 49. — H. 0m697. — L. 0m164.　　　　　M. Manzi.

210. Nagayé. Tanyé.

Wakashu portant un parasol. Sa robe est décorée de fleurs jaunes et grises.

Signée : Ishikawa Shuhan Toyonobu.

H. 0m617. — L. 0m146.　　　　　M. Vignier.

211. Nagayé. Tanyé.

Jeune femme ouvrant son parasol. Elle est vêtue d'une robe bleue à décor rose et jaune.

Signée : Ishikawa Shuhan Toyonobu.

H. 0m712. — L. 0m155.　　　　　M. Rouart.

212. Nagayé. Urushiyé.

Même estampe que la précédente, sauf que la robe est ici gris-bleuté à décor jaune et violet.

Pl. 53. — H. 0m677. — L. 0m148.　　　　　M. Bullier.

213. Nagayé. Béniyé (rose, vert et gris).

Jeune fille jouant au volant.

Non signée.

Pl. 52. — H. 0m629. — L. 0m101.　　　　　M. Vever.

214. Nagayé. Béniyé (gris-bleuté et rose).

Jeune fille agitant une marionnette.

Signée : Ishikawa Shuhan Toyonobu.

Pl. 52. — H. 0m696. — L. 0m161.　　　　　M. & Mme A. Curtis.

215. Nagayé. Béniyé (gris, vert et rose).

Bijin sortant du bain. Elle apparaît demi-nue dans le peignoir qu'elle vient de jeter sur ses épaules.

Signée : Ishikawa Toyonobu.

H. 0m640. — L. 0m107.　　　　　M. Vever.

216. Nagayé. Béniyé (bleu, rose et vert).

Jeune femme s'apprêtant à prendre un bain.

Signée : Ishikawa Toyonobu.

Rep. Cat. Barboutau, N° 271.

Pl. 55. — H. 0m670. — L. 0m110.　　　　　M. Jacquin.

217. Oban. Béniyé (vert et rose passé).

Scène de théâtre.

Signée : Ishikawa Shuhan Toyonobu.

Rep. Cat. Gillot, N° 129.

H. 0m434. — L. 0m300.　　　　　M. Marteau.

218. Oban. Béniyé (vert et rose).
Scène de nouvel an. Jeune homme et jeune fille vêtus en manzaï (acrobates). Ils portent des tambourins.
Signée : Ishikawa Shuyau Toyonobu.
H. 0m391. — L. 0m272.　　　　　　　　　　M. MUTIAUX.

219. Oban. Béniyé (rose et vert).
Deux amoureux sous un parasol. Cette scène s'appelle aïaïgasa : une ombrelle pour deux.
Signée : Ishikawa Shuhan Toyonobu.
Pl. 51. — H. 0m435. — L. 0m310.　　　　　　M. ROUART.

220. Oban. Béniyé (jaune, vert et rose).
L'acteur Sanokawa Ichimatsu dans le rôle de Yadoya Tatsugoro.
Signée : Ishikawa Shuhan Toyonobu.
Pl. 51. — H. 0m116. — L. 0m293.　　　　　　M. VEVER.

221. Oban. Béniyé (vert et rose).
Fillette et garçon se promenant par le vent.
Signée : Ishikawa Shuhan Toyonobu.
Pl. 54. — H. 0m430. — L. 0m301.　　　　　　M. VEVER.

222. Oban. Béniyé (vert et rose).
Anchin et Kiyohimé figurés par des enfants qui dansent la danse de Nô appelée Dojoji.
Signée : Ishikawa Shuyan Toyonobu.
Rep. Cat. Hayashi, N° 333.
H. 0m418. — L. 0m295.　　　　　　　　　　M. VEVER.

223. Oban. Tanyé.
Jeune femme à robe jaune, lisant un livre.
Signée : Ishikawa Shuhan Toyonobu.
Pl. 48. — H. 0m490. — L. 0m229.　　　　　　M. VEVER.

224. Oban. Béniyé (rose et vert).
Musko dansant la danse Harugoma.
Signée : Ishikawa Shuhan Toyonobu.
H. 0m411. — L. 0m284.　　　　　　　　　　M. JACQUIN.

225. Yokoyé. Béniyé (gris, rose et jaune).
Jeunes filles, fillettes et garçonnets jouant à quatre jeux différents :
Kin : Une jeune fille, qu'admire une plus petite, joue du *Koto*.
Ki : Deux bambins se gourment devant une table de *go*.
Sho : Une fillette écrit, sous la direction d'une compagne plus âgée.
Gwa : Deux petits garçons dessinent.
Signée : Ishikawa Shuhan.
H. 0m292. — L. 0m416.　　　　　　　　　　M. HAVILAND.

226. Triptyque hosoyé. Béniyé (rose et vert).
Jeunes filles marchant contre le vent.
Signée : Ishikawa Toyonobu.
Rep. Seidlitz, fig. 6.
Pl. 46. — H. 0m312. — L. 0m147.
(chacune)　　　　　　　　　　　　　　　　M. VEVER.

227. Triptyque hosoyé, non coupé. Béniyé (vert et rose).
Le jeu des marionnettes.
Signée : Ishikawa Toyonobu.
H. 0m295. — L. 0m449.　　　　　　M. & Mme A. CURTIS.

228. Triptyque hosoyé, non coupé. Béniyé (vert, rose et jaune).
Portraits, dans le style populaire, de trois fameux poètes et poétesses, composant des vers sur le sujet d'un soir d'automne.
Signée : Ishikawa Shuhan.
Pl. 46. — H. 0m302. — L. 0m435.　　　　　　M. KŒCHLIN.

229. Hosoyé. Béniyé (vert et rose passé).
Makino Katsuomaru et Miyakoji figurés par les acteurs Sanokawa Ichimatsu et Fujikawa Kaménoyé.
Signée : Ishikawa Toyonobu.
H. 0m301. — L. 0m136.　　　　　　　　　　M. MUTIAUX.

230. Hosoyé. Béniyé (gris, jaune et rose).
Dans un paysage estival, deux jeunes voyageurs allument leurs pipes.
Signée : Ishikawa Toyonobu.
Pl. 48. — H. 0m290. — L. 0m138.　　　　　　M. BING.

231. Hosoyé. Béniyé (vert et rose).
Deux jeunes filles se disputent un programme de théâtre.
Signée : Ishikawa Toyonobu.
Pl. 48. — H. 0m312. — L. 0m144.　　　　　　M. ROUART.

232. Hosoyé. Béniyé (rose et vert).
Jeune femme prête pour le bain.
Signée : Ishikawa Toyonobu.
Pl. 52. — H. 0m265. — L. 0m134.　　　　　　M. HAVILAND.

233. Hosoyé. Béniyé (jaune, gris et rose).
Musiciens coréens.
Signée : Ishikawa Shuhan.
H. 0m302. — L. 0m140.　　　　　　　　　　M. HAVILAND.

234. Hosoyé. Béniyé (vert et rose).
Pièce centrale d'un triptyque. Jeune fille portant un parasol.
Signée : Ishikawa Toyonobu.
Pl. 50. — H. 0m288. — L. 0m147.　　　　　　M. VEVER.

235. Hosoyé. Béniyé (vert et rose).
Jeune fille en robe rose sous un saule. Il fait grand vent.
Signée : Ishikawa Toyonobu.
Rep. Cat. Hayashi, N° 341.
H. 0m288. — L. 0m132.　　　　　　　　　　M. KŒCHLIN.

236. Hosoyé. Béniyé (vert et rose éteint). Partie d'un triptyque intitulé : trois types de wakashu. Wakashu coiffé d'un chapeau de paille.
Signée : Ishikawa Toyonobu.
Pl. 50. — H. 0m303. — L. 0m150.　　　　M. & Mme A. CURTIS.

FUSANOBU

237. Hosoyé. Béniyé (vert).
Femme — à qui l'artiste a donné la face d'Okamé — allant au bain. Comme elle est presque dévêtue, elle se cache pudiquement le visage derrière son éventail. Un court poème nous enseigne que : « Femme fidèle ne se marie jamais deux fois. » Autre allusion sarcastique aux mœurs prétendues déréglées de la joviale Okamé.
Signée : Tanigawa Fusanobu.
Pl. 40. — H. 0m291. — L. 0m137.　　　　　　M. KŒCHLIN.

KONDO KATSUNOBU

238. Hosoyé. Urushiyé.

Marchande de fleurs.

Signée : Kondo Katsunobu.

H. 0™298. — L. 0™160.   M. VEVER.

239. Hosoyé. Urushiyé.

Dame en voyage accompagnée de deux servantes. Elle est vêtue
d'une ample robe noire, laquée.

Signée : Kondo Katsunobu.

Pl. 44. — H. 0™309. — L. 0™151.   M. ROUART.

KONDO KIYOMINÉ I

240. Hosoyé. Urushiyé.

Dame en voyage accompagnée de deux servantes.

Signée : Kondo Kiyominé.

H. 0™390. — L. 0™155.   M. VEVER.

TOSHINOBU

(VERS 1751-1763)

241. Kakémonoyé. Tanyé (vermillon et jaune).

Bijin se contemplant dans un miroir.

Signée : Yamato no Gwako Okumura Toshinobu.

Pl. 43. — H. 0™537. — L. 0™318.   M. VEVER.

242. Hosoyé. Urushiyé.

Jeune femme se dévêtant pour le bain. De loin, un jeune homme la
regarde indiscrètement à travers une lunette d'approche. Scène de
théâtre représentée par les acteurs Ichikawa Masugoro et Sodésaki
Kikutaro.

Signée : Okumura Toshinobu.

Pl. 43. — H. 0™312. — L. 0™151.   M. BING.

243. Hosoyé. Urushiyé.

L'acteur Ségawa Kikunojo dans le rôle d'une femme en fureur. Un
sabre à ses pieds, elle jongle avec des pièces de monnaie.

Signée : Okumura Toshinobu.

Rep. Seidlitz, fig. 34.

H. 0™315. — L. 0™148.   M. BING.

244. Hosoyé. Urushiyé.

Oïran volant sur le dos d'une grue. En bas, on voit l'entrée du
Yoshiwara.

Signée : Okumura Toshinobu.

H. 0™253. — L. 0™158.   M. CHIALIVA.

245. Hosoyé. Urushiyé.

Partie d'un triptyque montrant la mode à Yédo. Une jeune femme
en promenade ; sa robe est décorée de fleurs et de toiles d'araignées.

Signée : Okumura Toshinobu.

H. 0™299. — L. 0™152.   M. MUTIAUX.

246. Hosoyé. Urushiyé.

Bijin sortant de la salle de bain. Le titre de l'estampe est : La sortie
encore humide du bain.

Non signée.

Pl. 43. — H. 0™333. — L. 0™151.   M. LE COMTE DE CAMONDO.

247. Hosoyé. Urushiyé.

Un hibou est perché sur une bêche. Il tient dans son bec une poche
à tabac et une pipe. Comme il est aveuglé par la lumière du jour, de
petits oiseaux voletant à l'entour, le harcèlent.

Signée : Yamato no Gwako Okumura Toshinobu.

Pl. 53. — H. 0™296. — L. 0™155.   M. ROUART.

248. Hosoyé. Urushiyé.

Scène de théâtre représentée par les acteurs Sawamura Sojuro et
Sanjo Kantaro.

Signée : Okumura Toshinobu.

H. 0™302. — L. 0™152.   M. ROUART.

249. Hosoyé. Urushiyé.

Yawoya Oshichi et Kosho Kichisaburo représentés par les acteurs
Ségawa Kikujiro et Sanjo Kantaro.

Signée : Okumura Toshinobu.

H. 0™313. — L. 0™153.   M. ROUART.

250. Hosoyé. Urushiyé.

Partie de triptyque. Jeune fille au saut du lit, vêtue d'une ample
robe jaune à fleurs.

Signée : Yamato no Gwako Okumura Toshinobu.

H. 0™318. — L. 0™150.   M. HAVILAND.

251. Hosoyé. Urushiyé.

Kintoki grimpant sur le dos d'un ours qu'il a terrassé.

Signée : Okumura Toshinobu.

H. 0™327. — L. 0™163.   M. JACQUIN.

SHIGÉNOBU

(FILS DE SHIGÉNAGA)

252. Hosoyé. Tanyé (gris et jaune).

Trois chevaux s'ébattant dans un pré, par un jour de printemps.

Signée : Nishimura Shigénobu.

Rep. Seidlitz, fig. 35.

H. 0™298. — L. 0™146.   M. BING.

253. Hosoyé. Urushiyé.

Cette estampe est la pièce centrale d'un triptyque : *Bijin Sanjuniso*,
où sont montrées les trente-deux perfections de la beauté féminine.
On voit ici, dans un manteau noir à larges taches claires qui recouvre
sa robe, une jeune femme. Ses diverses perfections sont recensées
en des inscriptions couvrant le fond de l'estampe. Voir n° 254.

Signée : Nishimura Shigénobu.

Pl. 42. — H. 0™290. — L. 0™133.   M. HAVILAND.

254. Hosoyé. Urushiyé.

Appartient au même triptyque que l'estampe précédente. Une femme vue de dos, les cheveux pendants. Elle est vêtue d'une ample robe jaune.

Signée : Nishimura Shigénobu.

Rep. Cat. Hayashi, N° 322.

Pl. 42. — H. 0m310. — L. 0m150.   M. LE COMTE DE CAMONDO.

YOSHINOBU

(ÉLÈVE DE SHIGÉNAGA)

255. Diptyque hosoyé non coupé. Béniyé (vert et rose).

Harugoma : danse du nouvel an. Au fond, un paravent décoré de cerisiers en fleurs.

Signée : Yamamoto Yoshinobu.

Pl. 45. — H. 0m293. — L. 0m219.   M. BING.

256. Hosoyé. Béniyé (rose et vert).

Jeune femme sortant de son lit.

Signée : Yamamoto Yoshinobu.

H. 0m278. — L. 0m128.   M. HAVILAND.

257. Hosoyé. Béniyé.

L'acteur Yamamoto Kozo jouant le rôle de Tsunéwaka Maru, dans la pièce intitulée *Yoru no Tsuru Hanano Sugomori*. Il tient à la main son chapeau de komuso. A un pin pend un kakémono où l'on voit un portrait de komuso.

Signée : Yamamoto Yoshinobu.

H. 0m301. — L. 0m142.   M. DU PRÉ DE SAINT-MAUR.

TORII KIYOMITSU

(VERS 1764-1771)

258. Nagayé. Béniyé (gris et rose).

Bijin se dévêtant pour le bain. Elle a rejeté son peignoir sur ses épaules et apparaît nue.

Signée : Torï Kiyomitsu.

Pl. 55. — H. 0m656. — L. 0m094.   M. VIGNIER.

259. Nagayé. Béniyé (rose et bleu).

Jeune femme entrant dans le bain, une serviette dans sa bouche.

Signée : Torï Kiyomitsu.

H. 0m675. — L. 0m094.   M. VIGNIER.

260. Nagayé. Béniyé (rose et vert).

Onna Darma. Jeune femme traversant la rivière sur un makiyémono déroulé. Représentation en style populaire de Darma flottant sur l'eau, les pieds posés sur une feuille d'arbre.

Signée : Torï Kiyomitsu.

H. 0m092. — L. 0m105.   M. VIGNIER.

261. Nagayé. Béniyé (gris et jaune).

L'acteur Ségawa Kikunojo dans le rôle de la fille d'Asahina.

Signée : Torï Kiyomitsu.

H. 0m060. — L. 0m098.   M. VIGNIER.

262. Oban. Béniyé (gris, rose et jaune).

Couple de komuso, figurés par les acteurs Ségawa Kikunojo et Ichimura Hanéyémon. Tous deux ont une flûte. L'un en joue.

Signée : Torï Kiyomitsu.

Pl. 54. — H. 0m428. — L. 0m265.   M. JACQUIN.

263. Yokoyé. Tanyé (rouge et vert).

Pique-nique au temps de la floraison des pruniers.

Signée : Torï Kiyomitsu.

H. 0m312. — L. 0m460.   M. VEVER.

264. Yokoyé. Béniyé (vert et rose).

Petits paysans luttant. Comme dans les véritables combats de lutteurs, l'un des bambins figure l'arbitre. Il porte une branche de pin en guise d'éventail.

Signée : Torï Kiyomitsu.

H. 0m307. — L. 0m435.   M. VEVER.

265. Yokoyé. Béniyé (rose, jaune et bleu).

Trois dames musiciennes, dans un intérieur.

Signée : Torï Kiyomitsu.

Pl. 56. — H. 0m300. — L. 0m420.   M. ROUART.

266. Yokoyé. Béniyé (gris, rose et jaune).

Pique-nique printanier. Sous une tente improvisée dans la campagne fleurie, quatre personnages regardent une jeune femme qui danse, une coupe à saké à la main.

Signée : Torï Kiyomitsu.

H. 0m292. — L. 0m404.   M. MUTIAUX.

267. Yokoyé. Béniyé (vert, rose et gris).

Cinq voyageuses passant auprès du château de Yodo.

Signée : Torï Kiyomitsu.

Pl. 57. — H. 0m287. — L. 0m398.   M. KŒCHLIN.

268. Yokoyé. Béniyé (rose, vert et gris).

Au bord d'une rivière où passent des bateaux, des jeunes femmes et des enfants lancent leurs cerfs-volants.

Signée : Torï Kiyomitsu.

H. 0m288. — L. 0m428.   M. BING.

269. Triptyque hosoyé, exceptionnellement grand, non coupé. Béniyé (rouge, rose, vert et gris).

Le Chunagon (titre de noblesse) Yukihira et ses deux maîtresses Matsukazi et Murasamé. Durant un exil de la capitale, Yukihira vécut dans un petit village de pêcheurs où florissaient deux jeunes filles de rare beauté. Il s'éprit de toutes deux, devint leur amant et vécut auprès d'elles pendant quelque temps. C'est lui-même qui les baptisa des noms poétiques sous lesquels elles sont connues et qui signifient, le premier : le bruissement du vent à travers les aiguilles de pins ; le second : petite pluie tranquille tombant sur un vieux village de jadis. Quand son exil fini, il rentra dans la capitale, il laissa en souvenir à l'une de ses amantes son *kammuri* (coiffure d'apparat), à l'autre ses vêtements de cour. Leur vie durant, les deux délaissées conservèrent ces objets comme leur plus précieux trésor.

Dans l'estampe, on voit au dessus de Yukihira une hutte de pêcheur ;
au-dessus de chacune de ses amies, le don qui lui échut. Tout en
haut, courent de singuliers nuages.
Signée : Torii Kiyomitsu.
Pl. 58. — H. 0^m192. — L. 0^m531.   M. VEVER.

270. Triptyque hosoyé, non coupé. Béniyé (jaune, rose et gris).
Des musko et des musmé jouant sous la surveillance de leurs *nurses*.
Dans le fond de la pièce, des fenêtres rondes à travers lesquelles on
aperçoit des branches de cerisiers en fleurs.
Signée : Torii Kiyomitsu.
H. 0^m280. — L. 0^m430.   M. JACQUIN.

271. Triptyque hosoyé non coupé. Béniyé (jaune et rose).
Trois couples d'amoureux, chacun sous un parasol.
Signée : Torii Kiyomitsu.
H. 0^m288. — L. 0^m390.   M. BLONDEAU.

272. Triptyque hosoyé, non coupé. Béniyé (rose et vert).
Trois jeunes beautés de Minatogawa. Chacune d'elles est accompa-
gnée d'une servante (voir n° 292).
Signée : Torii Kiyomitsu.
Pl. 59. — H. 0^m285. — L. 0^m415.   M. HAVILAND.

273. Hosoyé. Béniyé (vert et rose).
Courtisane allant à ses ablutions ; elle est nue sous son peignoir
ouvert. Auprès d'elle, un chat et une veilleuse.
Signée : Torii Kiyomitsu.
Rep. Seidlitz, fig. 44.
H. 0^m292. — L. 0^m139.   M. VEVER.

274. Hosoyé. Béniyé (vert et rose).
Jeune femme dans la salle de bain. A demi enveloppée dans son
peignoir, elle jette des ingrédients dans un seau.
Signée : Torii Kiyomitsu.
Pl. 56. — H. 0^m285. — L. 0^m139.   M. VEVER.

275. Hosoyé. Béniyé (vert et rose).
Une jeune femme nue, sa serviette dans la bouche, entrant dans la
cuve préparée pour le bain.
Non signée.
H. 0^m291. — L. 0^m140.   M. VEVER.

276. Hosoyé. Béniyé (gris, rose et jaune passés).
Jeune femme, le buste nu, poursuivant des lucioles par un soir d'été.
Au fond, une rivière fleurie d'iris.
Signée : Torii Kiyomitsu.
Rep. Seidlitz, fig. 7.
Pl. 57. — H. 0^m286. — L. 0^m140.   M. VEVER.

277. Hosoyé. Béniyé (gris, jaune et rose).
Jeune femme, le buste émergeant de son peignoir. Elle va entrer
dans son bain.
Signée : Torii Kiyomitsu.
H. 0^m275. — L. 0^m128.   M. VEVER.

278. Hosoyé. Béniyé (gris, rose et jaune).
Jeune femme rejetant son peignoir derrière elle et mettant le pied
dans la cuve pleine d'eau.
Signé : Torii Kiyomitsu.
Pl. 57. — H. 0^m283. — L. 0^m141.   M. VEVER.

279. Hosoyé. Béniyé (rose, jaune et gris).
Maman et bébé complètement dévêtus dans la salle de bain.
Non signée.
Rep. Seidlitz, fig. 43.
H. 0^m283. — L. 0^m138.   M. VEVER.

280. Hosoyé. Béniyé (gris, rose et jaune).
L'acteur Nakamura Matsuyé dans le rôle d'une jeune femme portant
un coq.
Signée : Torii Kiyomitsu.
Rep. *Japon artistique* de Bing B.J.C.
et au *Catalogue de l'Exposition
de la gravure japonaise à l'École
des Beaux-Arts*, 1890.
Pl. 55. — H. 0^m285. — L. 0^m123.   M & Mme A. CURTIS.

281. Hosoyé. Béniyé (rose et vert).
Jeune femme accroupie se chauffant à un brasero. Derrière elle,
un paravent décoré d'un paysage.
Non signée.
Pl. 56. — H. 0^m312. — L. 0^m147.   Mme LANGWEIL.

282. Hosoyé. Béniyé (vert et rose).
L'acteur Nakamura Tomijuro dans le rôle de Matsukazé. Il est
debout dans un bateau.
Signée : Torii Kiyomitsu.
Pl. 53. — H. 0^m312. — L. 0^m146.   M. KŒCHLIN.

283. Hosoyé. Béniyé. Une épreuve d'essai, avec le seul ton rose et une
estampe en deux tons (rose et bleu) tirées sur le même bois. Le bois,
absolument net pour l'épreuve, était déjà fatigué lors du tirage de
l'estampe. Il a en outre subi, de l'épreuve à l'estampe, quelques
variantes dans le texte. Sur l'épreuve d'essai se voit l'empreinte
d'un autre bois.
Le sujet est l'acteur Ségawa Kikunojo dans le rôle de la belle
Yawoya Osugi. Elle tient son éventail ouvert devant elle
(voir n° 284).
Signée : Torii Kiyomitsu.
H. 0^m310. — L. 0^m135.   M. HAVILAND.

284. Hosoyé. Béniyé (bleu, rose et violet. Ce dernier ton obtenu par la
superposition des deux autres).
Même estampe que la précédente, mais avec un ton de plus, le violet.
Signée : Torii Kiyomitsu.
H. 0^m300. — L. 0^m141.   M. LÉONCE ROSENBERG.

285. Hosoyé. Béniyé (deux tons de rose et gris).
L'acteur Ségawa Kikunojo dans le rôle d'une jeune fille, tenant à la
main une raquette et un volant.
Signée : Torii Kiyomitsu.
Pl. 53. — H. 0^m308. — L. 0^m183.   M. LÉONCE ROSENBERG.

286. Hosoyé. Béniyé (vert, rose et jaune).

L'acteur Ichikawa Raïzo dans le rôle de Ohara no Oïchi : une jeune
femme venue de Ohara à Yédo pour vendre des branches vertes,
dont on décore, au nouvel an, l'intérieur et l'extérieur des maisons.
Le texte qui fait le fond de l'estampe est le rôle de la marchande.
Signée : Torii Kiyomitsu.
H. 0ᵐ260. — L. 0ᵐ135.   M. DU PRÉ DE SAINT-MAUR.

287. Hosoyé. Béniyé (gris, vert et rose).

Jeune fille portant une boîte de laque qui contient un cadeau de
nouvel an ; sur son manteau, la grue, la tortue et les pins symboliques.
Signée : Torii Kiyomitsu.
H. 0ᵐ290. — L. 0ᵐ132.   M. MUTIAUX.

288. Hosoyé. Béniyé (gris, vert et jaune).

L'acteur Bando Hikosaburo dans le rôle de Shita no Kotaro ; der-
rière lui, un saule et une lanterne.
Signée : Torii Kiyomitsu.
H. 0ᵐ290. — L. 0ᵐ132.   M. JACQUIN.

289. Hosoyé. Béniyé (rose, jaune et gris).

Jeune fille fuyant l'orage. Dans un nuage noir, on voit le dieu du
tonnerre.
Signée : Torii Kiyomitsu.
H. 0ᵐ277. — L. 0ᵐ131.   M. BLONDEAU.

290. Hosoyé. Béniyé (rose, vert et jaune).

L'acteur Ségawa Kikunojo dans le rôle de Onoyénomayé, la fille
de Sadato. Elle se promène sous un parasol grand ouvert.
Signée : Torii Kiyomitsu.
H. 0ᵐ306. — L. 0ᵐ139.   M. ROUART.

KIYOMITSU & KIYOHIRO

291. Triptyque hosoyé, grand format, non coupé. Urushiyé. Théories de
courtisanes. Celles de droite sont de Yédo, du centre de Kiyoto
et de gauche d'Osaka.
La planche centrale est signée Torii Kiyomitsu, les deux autres
Torii Kiyohiro.
Pl. 58. — H. 0ᵐ385. — L. 0ᵐ630.   M. DOUCET.

KIYOHIRO

(† 1776)

292. Triptyque hosoyé, non coupé. Béniyé (rose et vert).

Trois jeunes beautés de Minatogawa ; chacune d'elles est accompagnée d'une servante.
Cette estampe offre la singularité d'être, sauf quelques variantes
dans la décoration des costumes, quelques inversions de couleur
et un changement dans la place de deux cartouches, absolument
semblable à l'estampe décrite sous le n° 272 et qui, celle-là, est
signée Kiyomitsu.
Signée : Torii Kiyohiro.
Pl. 59. — H. 0ᵐ288. — L. 0ᵐ431.   M. KOECHLIN.

293. Triptyque hosoyé, non coupé. Béniyé (vert et rose).

Cette estampe offre l'image d'une union heureuse, dont l'emblème
(Shimadaï), composé de la grue, du pin et de la tortue, et qui figure
dans la cérémonie du mariage, se voit au centre. Le fiancé et la fiancée
tiennent les masques de Jo et de Uba, exprimant ainsi leur souhait
d'atteindre à l'âge de ce couple vénérable (Jo et Uba, le vieux couple
de Takasago, sont au Japon notre Philémon et notre Baucis).
Signée : Torii Kiyohiro.
Pl. 61. — H. 0ᵐ312. — L. 0ᵐ438.   M. VEVER.

294. Triptyque hosoyé, non coupé. Béniyé (vert et rose).
Couples musiciens.
Signée : Torii Kiyohiro.
Pl. 64. — H. 0ᵐ292. — L. 0ᵐ136.   M. SALOMON.

295. Triptyque hosoyé, non coupé. Béniyé (vert et rose).

Gonin Otoko : association de cinq personnages qui furent des cheva-
liers errants, des redresseurs de torts. Ce quintette de sympathiques
brigands est figuré là par des acteurs.
Signée : Torii Kiyomitsu.
Pl. 63. — H. 0ᵐ290. — L. 0ᵐ425.   M. HAVILAND.

296. Oban. Béniyé (vert et rose).
Deux pêcheuses d'awabi.
Signée : Torii Kiyohiro.
Pl. 62. — H. 0ᵐ439. — L. 0ᵐ317.   M. DU PRÉ DE SAINT-MAUR.

297. Oban. Béniyé (vert et rose).

Un garçonnet refuse de rendre à sa sœur la lettre d'amour qu'il lui
a dérobée.
Signée : Torii Kiyohiro.
H. 0ᵐ404. — L. 0ᵐ291.   M. CHIALIVA.

298. Oban. Béniyé (vert et rose).

Jeune fille rendant visite à son amoureux. Elle traverse, abritée
sous son parasol, un pont jeté sur un ruisseau.
Signée : Torii Kiyohiro.
H. 0ᵐ387. — L. 0ᵐ285.   M. HAVILAND.

299. Oban. Béniyé (vert et rose).

Soba (marchand de macaronis) et sa femme Omatsu, représentés
par les acteurs Ichimura Kamézo et Sanokawa Ichimatsu. Le texte
qui fait le fond de l'estampe est le rôle de ces personnages.
Signée : Torii Kiyohiro.
Pl. 61. — H. 0ᵐ410. — L. 0ᵐ288.   M. HAVILAND.

300. Oban. Béniyé (vert et rose).

Jeune homme simulant une grande frayeur et sautant d'un bateau
dans un autre pour échapper à la poursuite de sa compagne de jeu.
Cette scène est l'évocation puérile d'un épisode du dernier combat
entre les Minamoto et les Taïra : quand Yoshitsuné, déclinant
l'attaque de Noto no Kami Noritsuné, franchit d'un seul bond huit
bateaux.
Signée : Torii Kiyohiro.
Pl. 60. — H. 0ᵐ417. — L. 0ᵐ202.   M. VEVER.

301. Oban. Béniyé (vert et rose).
Couple d'amoureux jouant de la flûte, assis sous un arbre en fleurs.
Signée : Torii Kiyohiro.
Rep. Cat. Hayashi, N° 254.
H. 0m416. — L. 0m291.   M. et Mme A. CURTIS.

302. Oban. Béniyé (vert et rose).
Le jeune samuraï Yéma Koshiro et la courtisane Kiségawa.
Ils sont figurés par les acteurs Sanakawa Ichimatsu et Nakamura
Tomijuro, qui tient une abaque.
Signée : Torii Kiyohiro.
H. 0m420. — L. 0m275.   M. MUTIAUX

303. Oban. Béniyé (vert et rose).
Deux fillettes jouant au ballon sous un saule.
Signée : Torï Kiyohiro.
Pl. 61. — H. 0m416. — L. 0m293.   M. G. MOREAU.

304. Hosoyé. Béniyé (vert et rose).
Auprès d'un saule, une jeune femme, assise sur un banc, son écran
à la main, capture des lucioles.
Signée : Torii Kiyohiro.
Rep. Migeon, pl. 17.
Pl. 60. — H. 0m200. — L. 0m131.   M. VEVER.

305. Hosoyé. Béniyé (vert et rose).
Jeune fille lisant. Sa compagne prend des livres dans un casier.
Signée : Torii Kiyohiro.
Pl. 63. — H. 0m310. — L. 0m145.   M. ROUART.

306. Hosoyé. Béniyé (vert et rose).
Jeune fille caressant son chat.
Signée : Torii Kiyohiro.
H. 0m286. — L. 0m138.   M. ROUART.

307. Hosoyé. Béniyé (vert et rose).
Jeune femme arrangeant le kimono de son amoureux, qui prend un
bain.
Signé : Torii Kiyohiro.
H. 0m295. — L. 0m138.   M. HAVILAND.

308. Hosoyé. Béniyé (vert et rose).
L'acteur Nakamura Kiyosaburo figurant une jeune femme, du nom
de Komutsu, qui cherche des coquillages au bord de la mer.
Signée : Torii Kiyohiro.
Pl. 55. — H. 0m312. — L. 0m142.   M. CHIALIVA.

309. Hosoyé. Béniyé (vert et rose).
Deux dames, en léger costume, baignent un enfant.
Signée : Torii Kiyohiro.
Pl. 62. — H. 0m262. — L. 0m136.   M. BING.

310. Hosoyé. Béniyé (rose et jaune).
Courtisane descendant un escalier.
Signée : Torii Kiyohiro.
Rep. Seidlitz, fig. 45.
Pl. 63. — H. 0m282. — L. 0m132.   M. VEVER.

311. Hosoyé. Béniyé (rouge et gris).
Jeune femme se promenant, un jour d'été, sur le bord d'une rivière.
On voit un pont dans le fond.
Signée : Torii Kiyohiro.
H. 0m305. — L. 0m140.   M. VEVER.

312. Hosoyé. Béniyé (vert et rose).
Jeune femme se coupant les ongles des orteils après le bain. Soir
d'été.
Signée : Torii Kiyohiro.
Pl. 60. — H. 0m285. — L. 0m135.   M. VEVER.

313. Hosoyé grand format. Béniyé (rose, vert et violet).
Minamoto no Yoshitsuné, à cheval, sur la plage de Takamatsu.
Signée : Gwako Torii Kihoyiro.
H. 0m390. — L. 0m170.   M. JACQUIN.

314. Hosoyé. Béniyé (vert et rose passé).
Mère et enfant.
Signée : Torii Kiyohiro.
Pl. 62. — H. 0m315. — L. 0m142.   M. KŒCHLIN.

KIYOTSUNÉ

(ÉLÈVE DE KIYOMITSU, VERS 1764-1771)

315. Hosoyé. Béniyé (gris, vert et rose).
L'acteur Ichikawa Benzo dans le rôle de Minamoto no Ushiwaka-
maro. Dans le fond, une barrière et un arbre.
Signée : Torii Kiyotsuné.
H. 0m291. — L. 0m138.   M. HAVILAND.

INCONNUS

Sous cette rubrique, nous rangeons les estampes non signées, et
dont l'attribution nous a semblé hasardeuse. Celles aussi signées
de noms ne figurant pas dans les listes des artistes de l'Ukiyoyé.

316. Format hosoyé. En réserve de blanc sur fond noir.
Jeune homme, son parasol à la main, se retournant pour contempler
un prunier en fleurs. Son kimono est de forme archaïque.
Signée : Akiyama Teiya ou Shusan Sadaharu.
Pl. 52. — H. 0m296. — L. 0m133.   M. DOUCET.

317. Kakémonoyé. Urushiyé. La fille aux glycines, qu'on nomme aussi
Fujimusmé. La Fujimusmé était un des quatre sujets de prédilec-
tion de Matahei dans ses Otsuyé. Les trois autres sont : Oni no Nem-
butsu : diable frappant sur une cloche; Yakko : serviteur de Daïmio;
Takajo : fauconnier.
Non signée.
Pl. 41. — H. 0m370. — L. 0m241.   M. MUTIAUX.

318. Kakémonoyé, très grand format. Urushiyé.
Le héros Kato Kiyomasa, à cheval, armé de pied en cap.
Non signée.
Pl. 28. — H. 1m219. — L. 0m341.   M. DOUCET.

319. Kakémonoyé. Tanyé.

A sa fenêtre, en forme de baie circulaire, parmi les pruniers en fleurs, on voit la belle Yokihi, qui fut la favorite de l'empereur chinois Genso, de la dynastie des Tang.

Sinon la copie, cette estampe est évidemment l'interprétation japonaise d'une peinture chinoise.

Non signée.

Pl. 44. — H. 0^{m}601. — L. 0^{m}273. M. DOUCET.

320. Kakémonoyé. Tanyé.

Jeune samuraï s'apprêtant à monter à cheval. Une jeune fille le regarde.

Non signée.

H. 0^{m}174. — L. 0^{m}391. M. RIVIÈRE.

321. Hosoyé. Tirage en noir.

L'acteur Nakamura Tomijuro figurant une femme revenant de la fête d'Ébisu. Cette estampe fut publiée comme calendrier.

Non signée.

H. 0^{m}271. — L. 0^{m}144. M. VIGNIER.

322. Hosoyé (rognée). Tanyé (rose, vert et jaune).

La courtisane Komurasaki, avec un serviteur, portant un parasol.

Non signée.

Pl. 5. — H. 0^{m}264. — L. 0^{m}184. M. BING.

323. Hosoyé. Urushiyé.

Jeune homme, dont le buste s'encadre dans un éventail, jouant avec les doigts une scène à deux personnages. Un des doigts de sa main droite est coiffé d'une perruque de femme et un doigt de la main gauche est coiffé d'une perruque de jeune homme.

Signée : Eikaken Toyo.

H. 0^{m}315. — L. 0^{m}155. M. KŒCHLIN.

324. Hosoyé. Béniyé (vert et rose passé).

Partie d'un triptyque intitulé : Trois courtisanes célèbres de trois villes. L'une d'elles se promène accompagnée d'un serviteur qui l'abrite de son parasol.

Non signée.

H. 0^{m}289. — L. 0^{m}138. M. HAVILAND.

325. Koban Yokoyé. Urushiyé.

Deux voyageurs descendant sur un radeau la rivière Yoshino, dont les eaux sont rosies par la chute des fleurs de cerisiers.

Non signée.

Pl. 47. — H. 0^{m}250. — L. 0^{m}302. M. & Mme A. CURTIS.

326. Koban. Tanyé (jaune).

La courtisane Maratsuné se coiffant avec l'aide de sa servante.

Non signée.

Pl. 5. — H. 0^{m}275. — L. 0^{m}174. M. VEVER.

327. Koban (probablement une page de livre). Tanyé (bleu et gris).

La courtisane Hatsusé assise dans sa maison et lisant.

Non signée.

H. 0^{m}254. — L. 0^{m}159. M. VEVER.

328. Koban. Tanyé (vert et bleu).

La courtisane Wakaku assise devant un paravent décoré d'un paysage.

Rep. Seidlitz, fig. 28,

H. 0^{m}264. — L. 0^{m}159. M. VEVER.

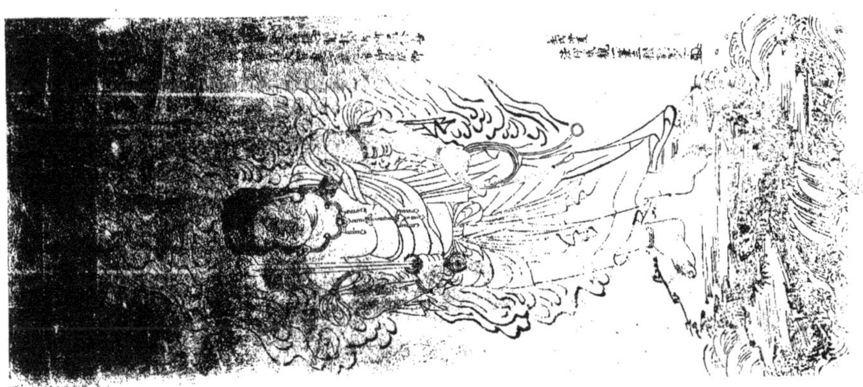

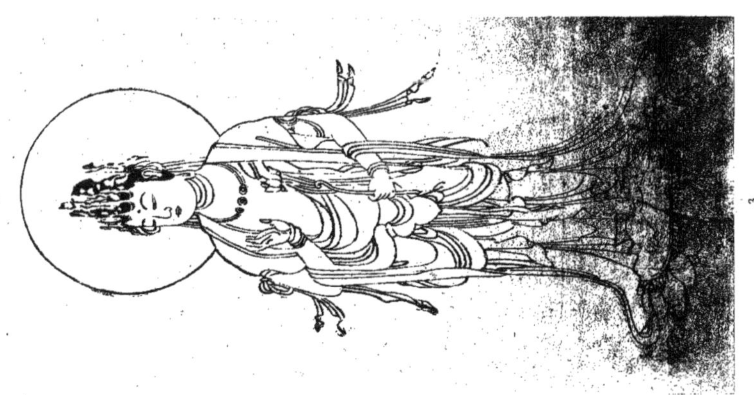

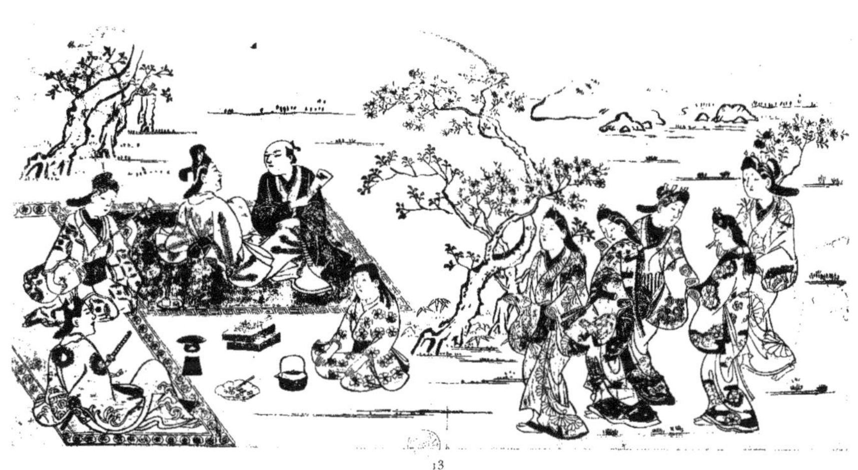

13

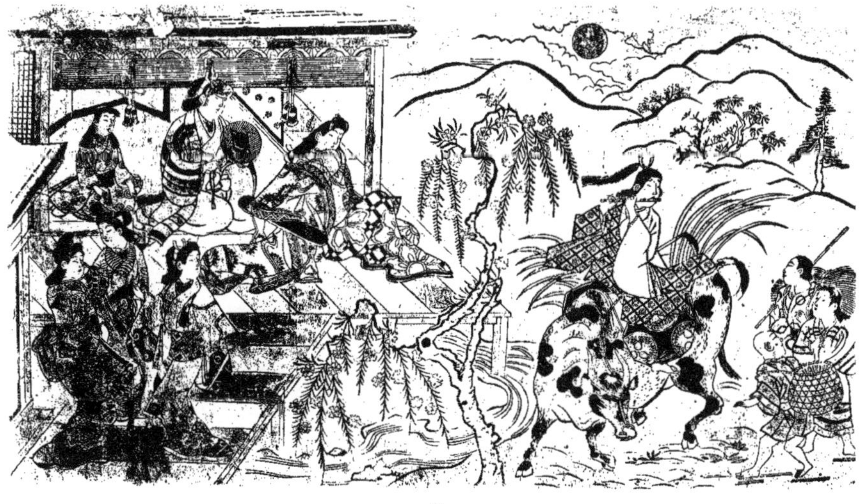

12

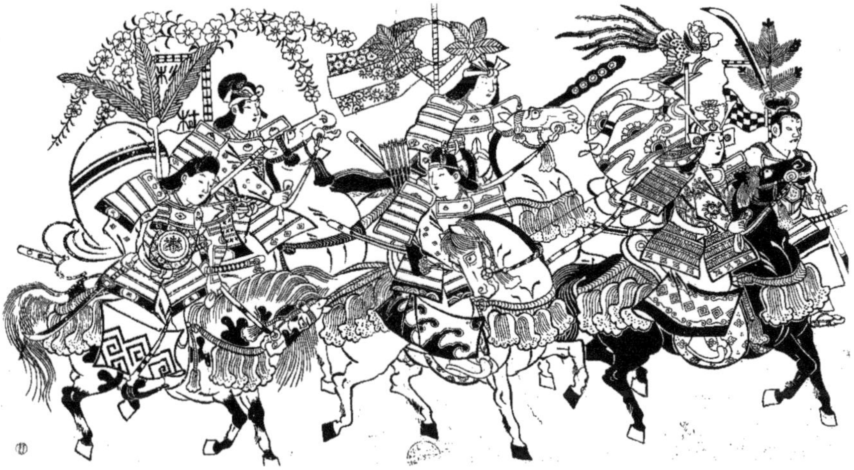

8

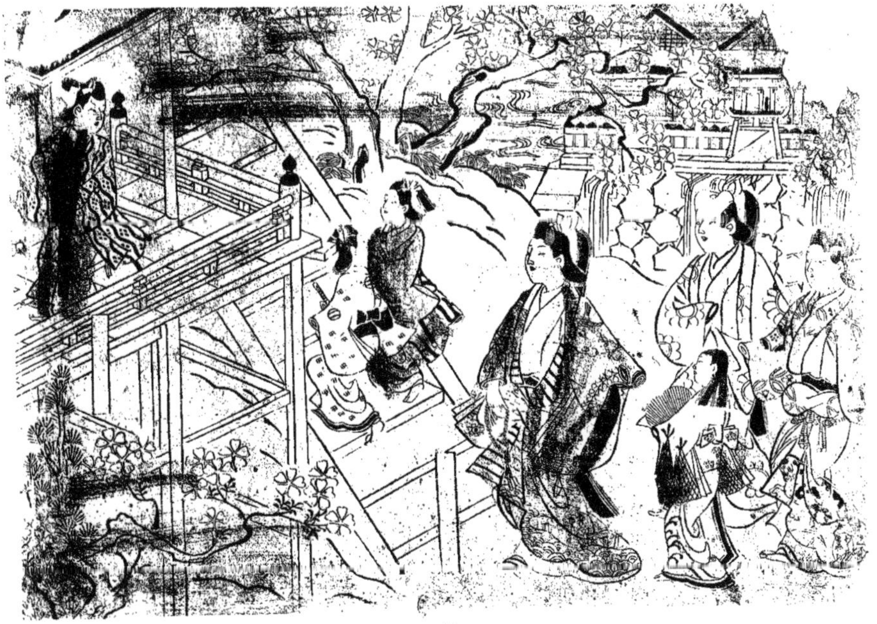

II

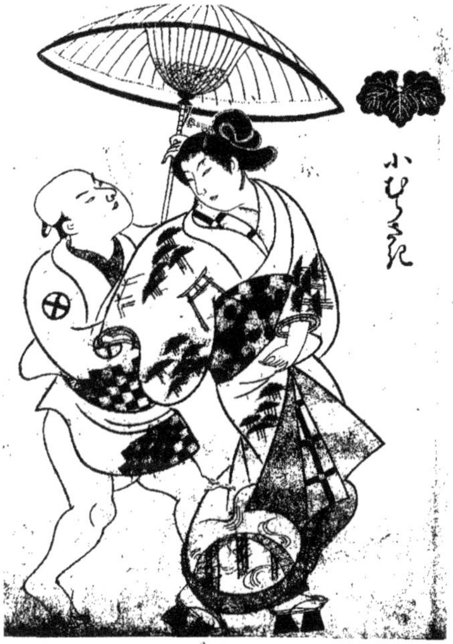

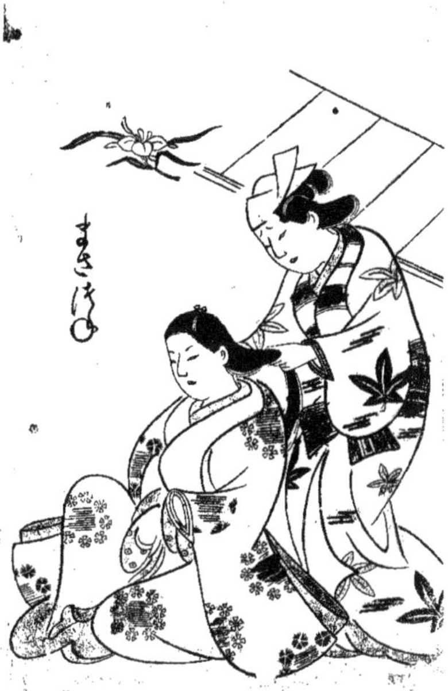

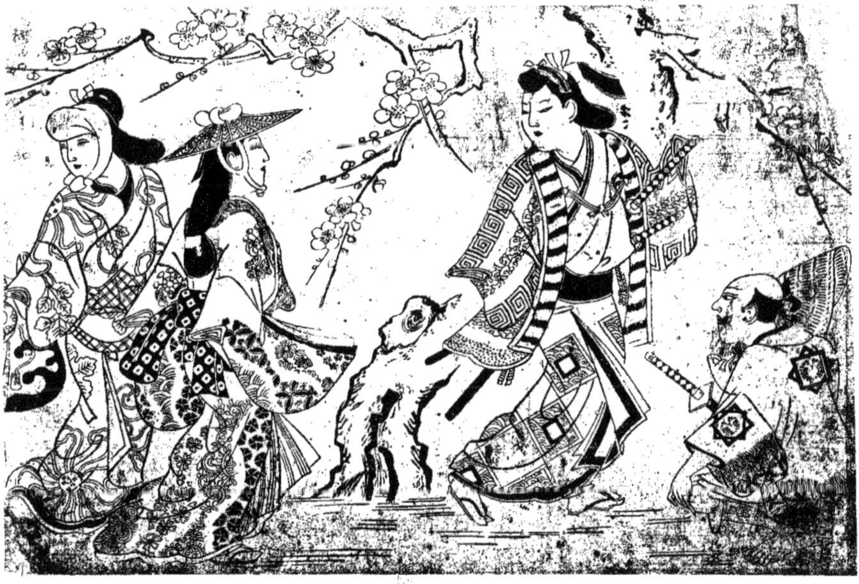

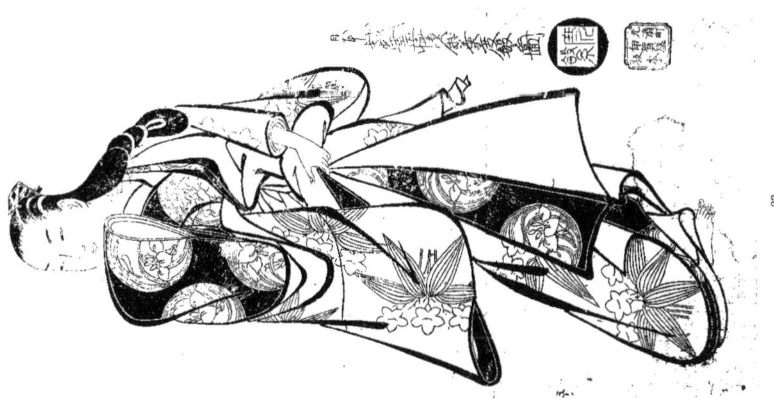

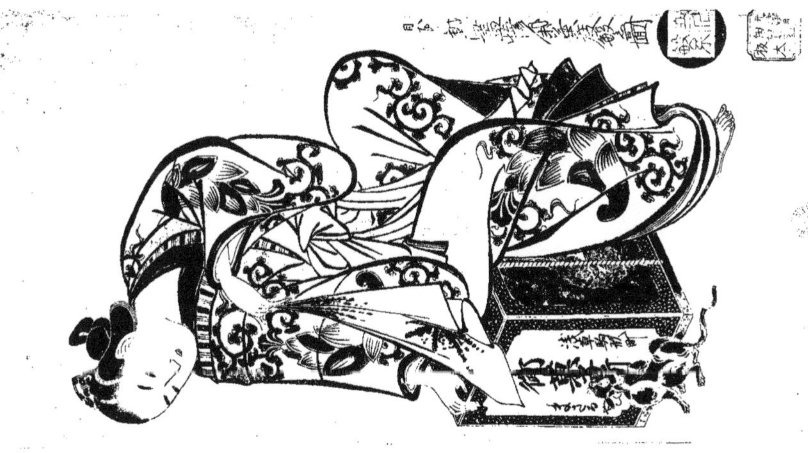

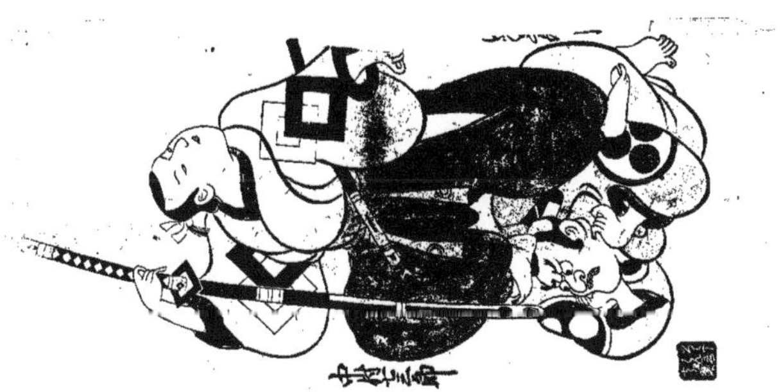

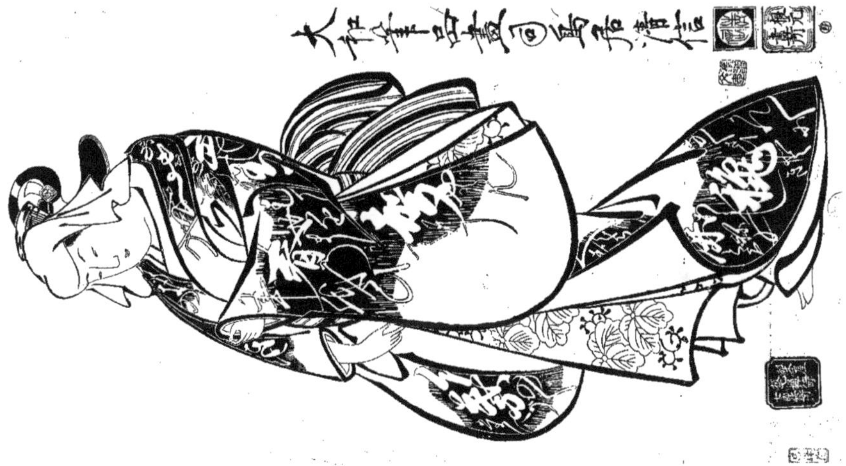

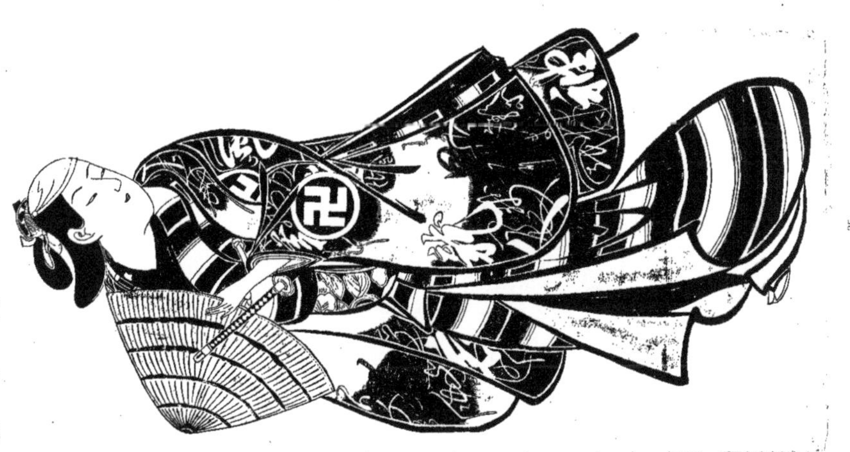

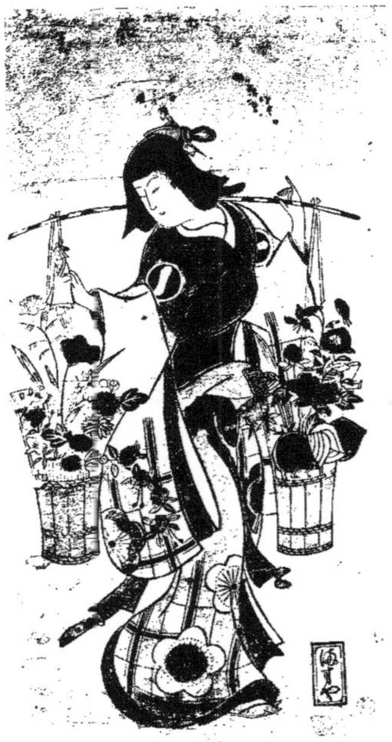

PL. IX

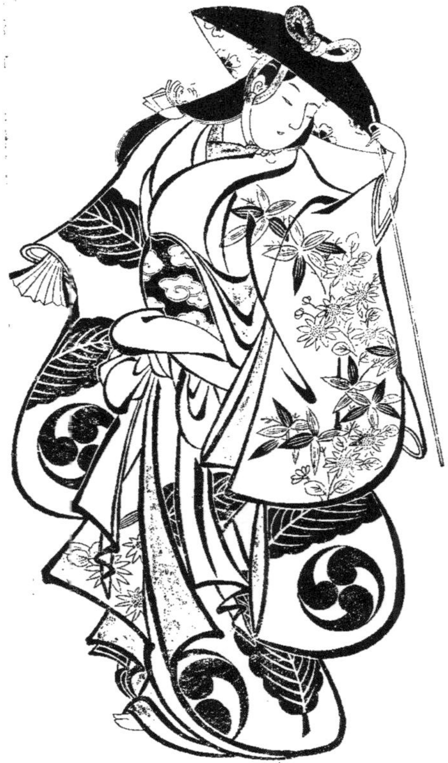

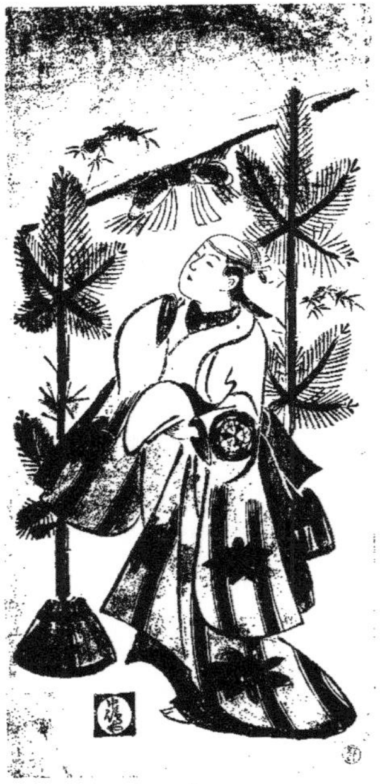

LES PRIMITIFS

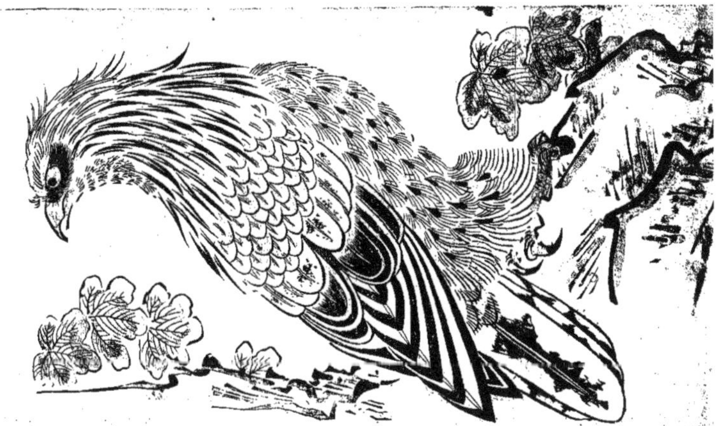

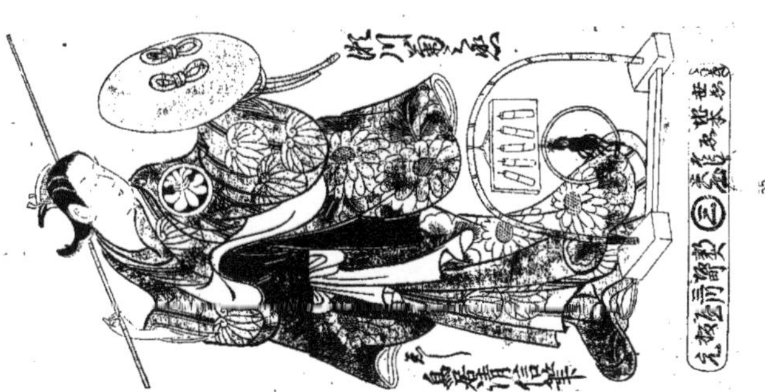

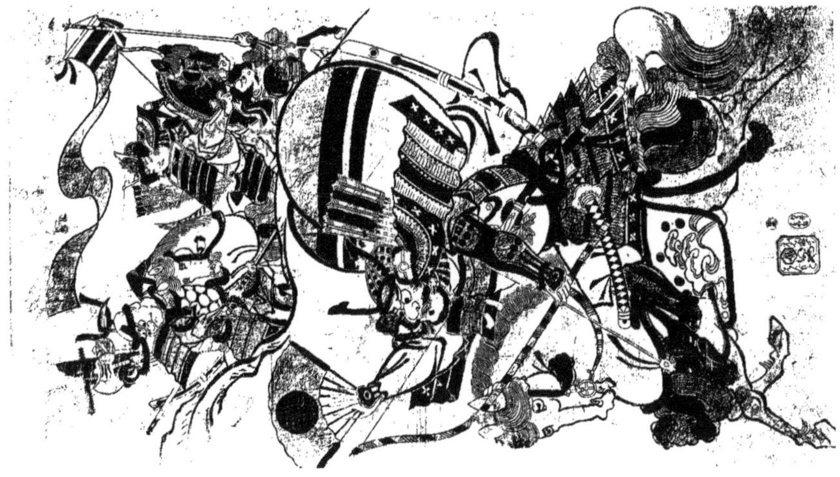

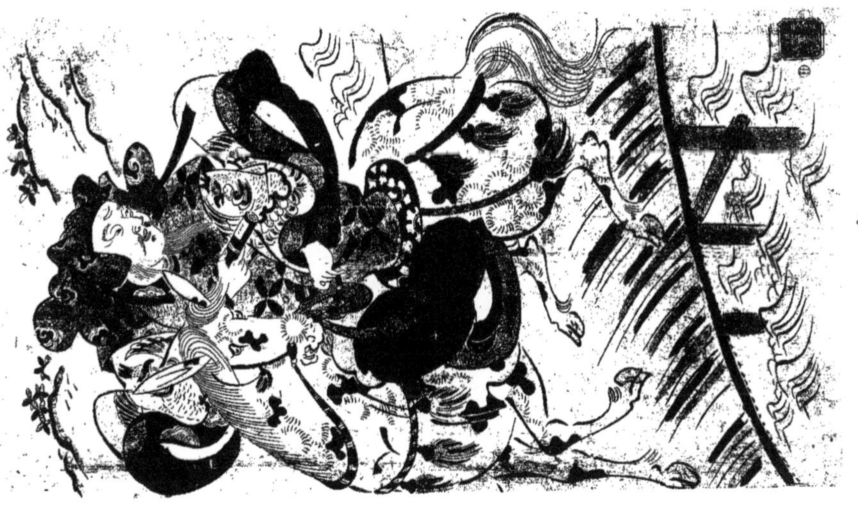

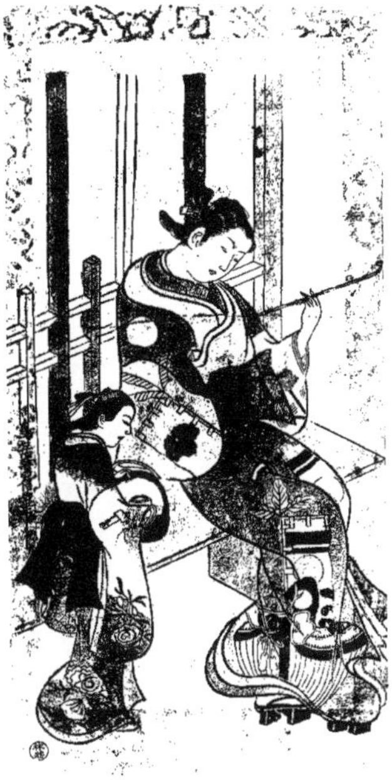

62

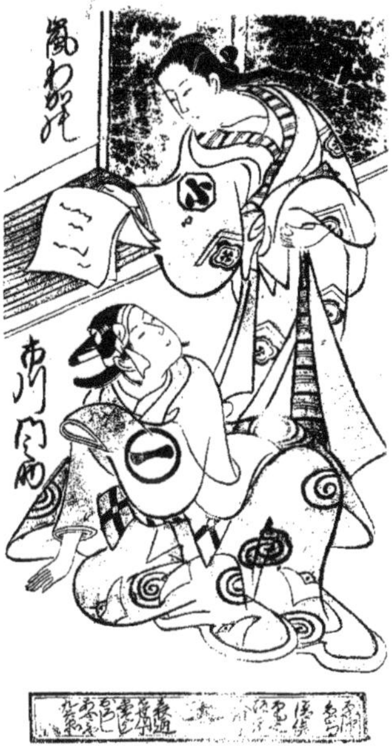

63

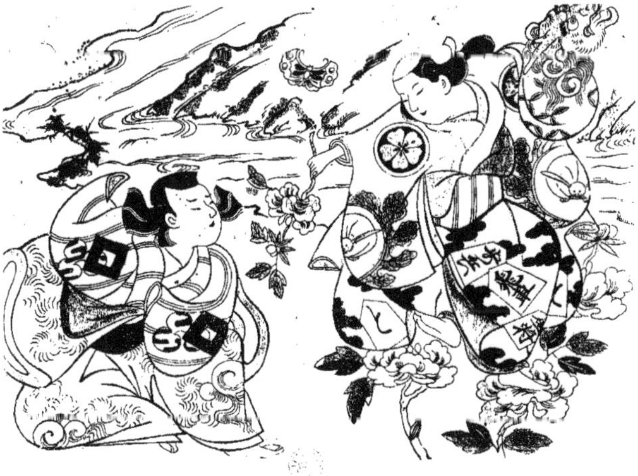

40

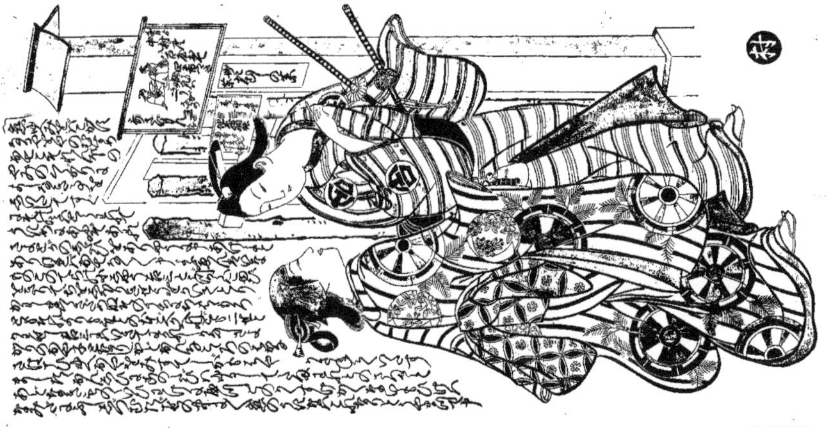

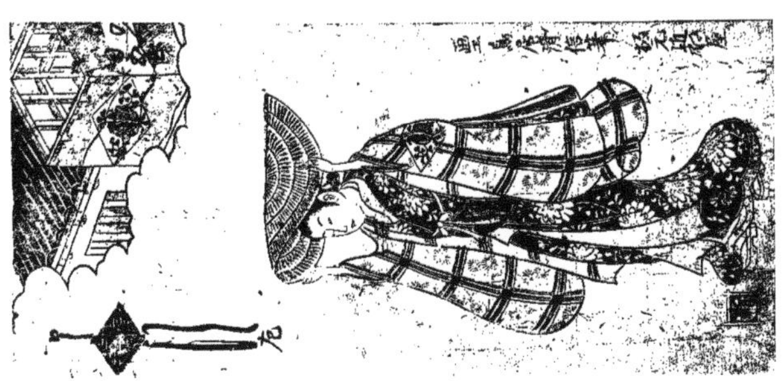

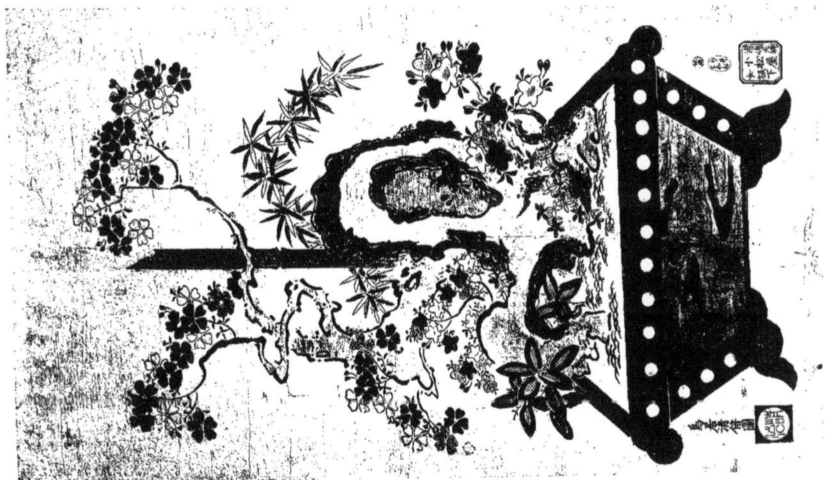

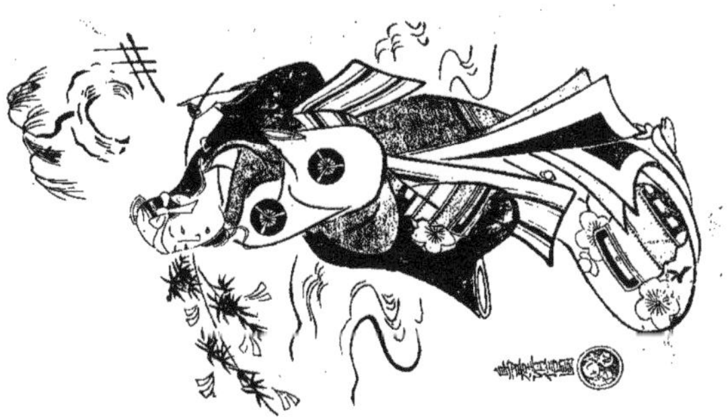

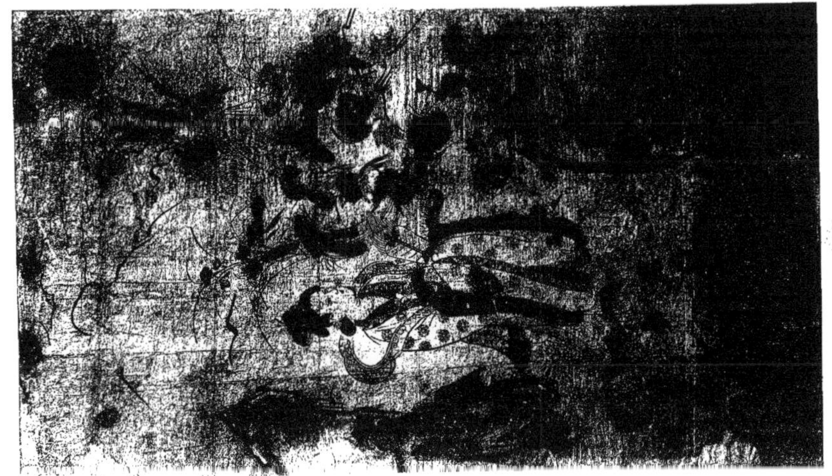

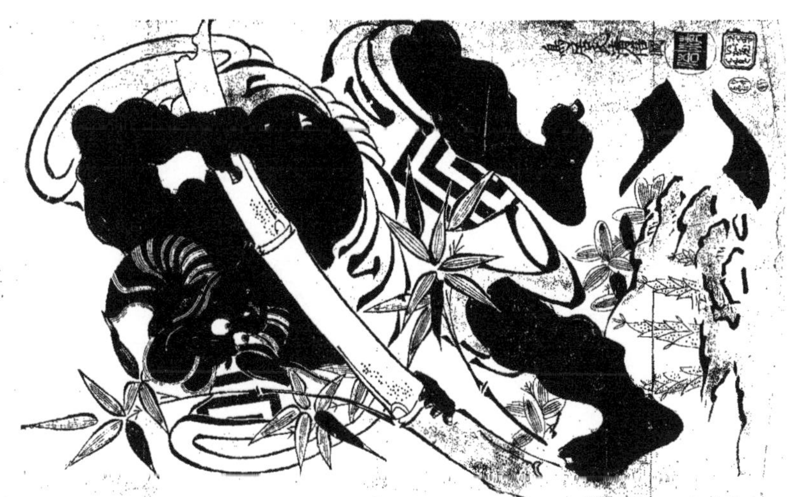

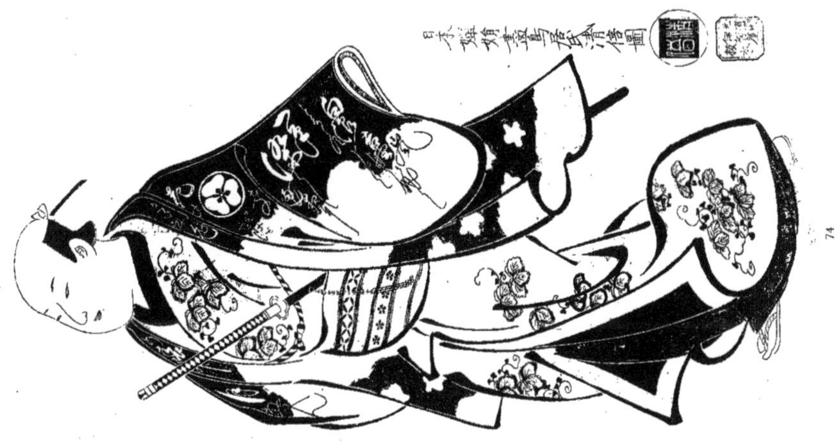

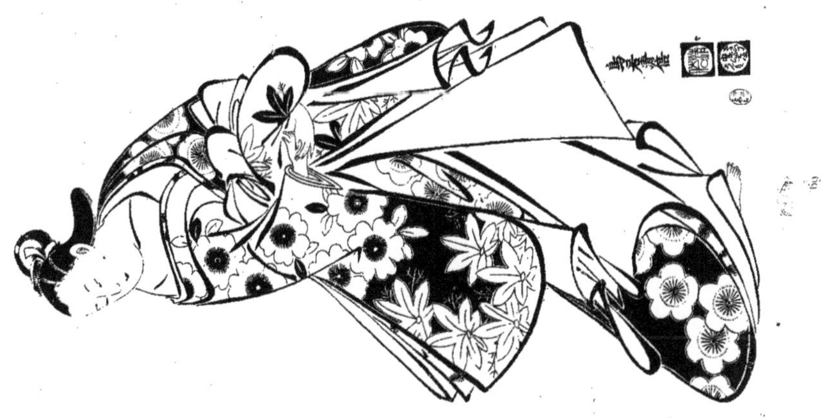

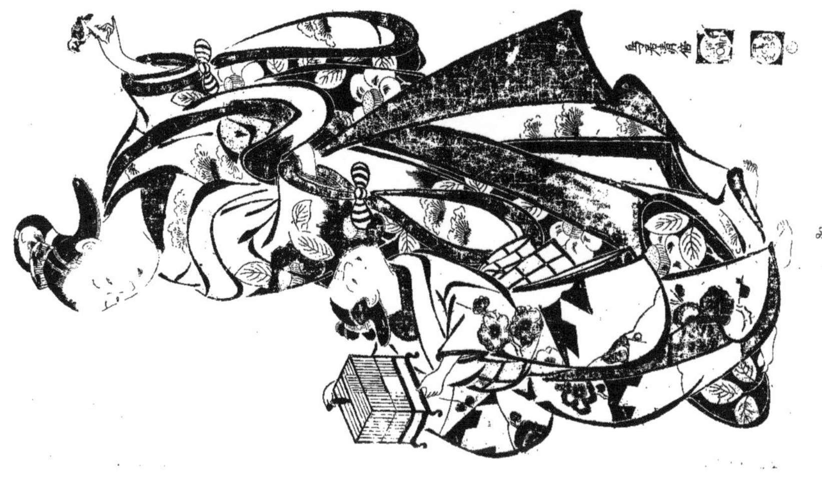

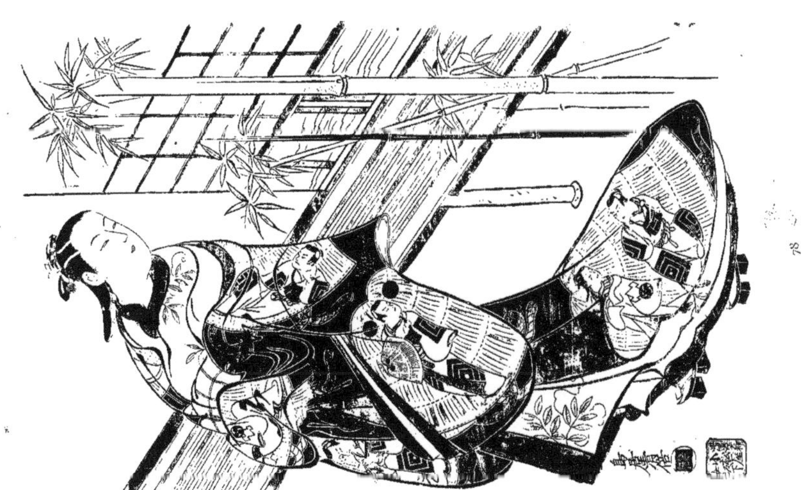

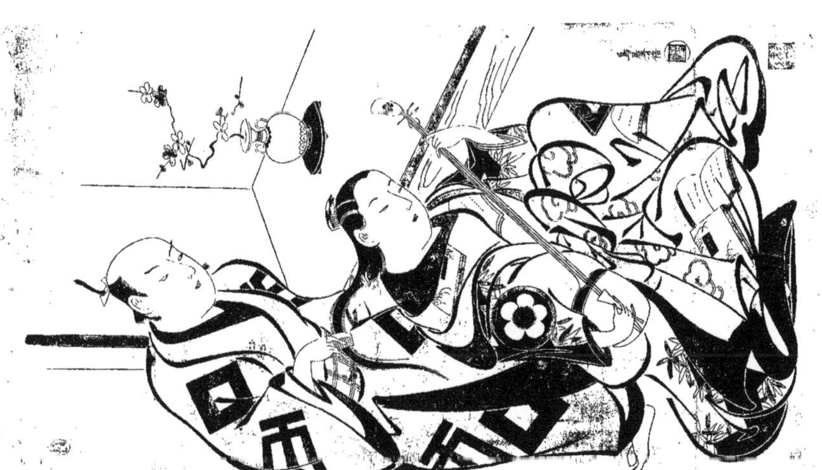

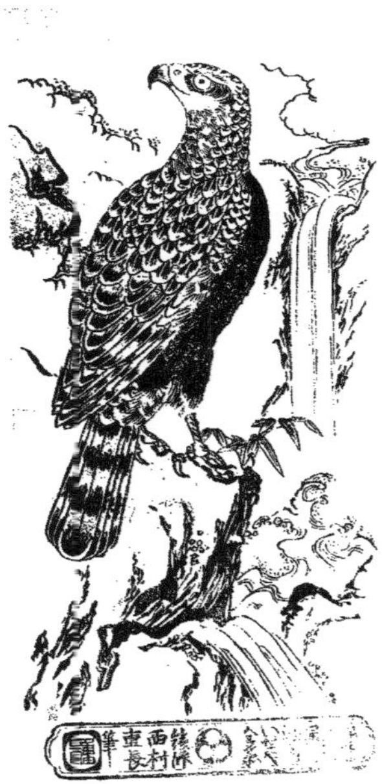

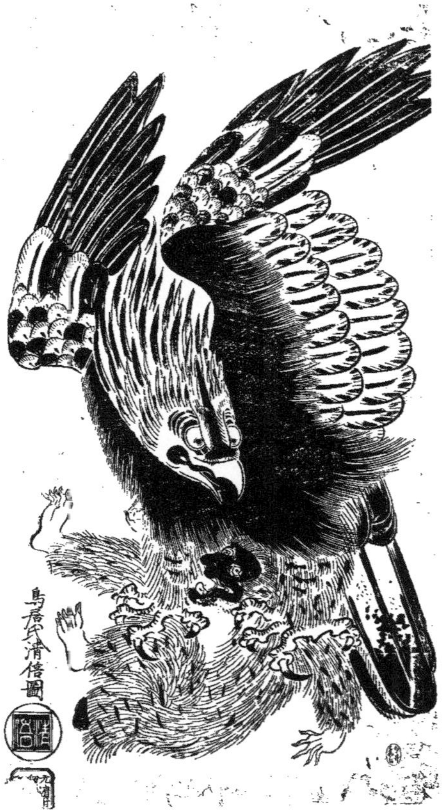

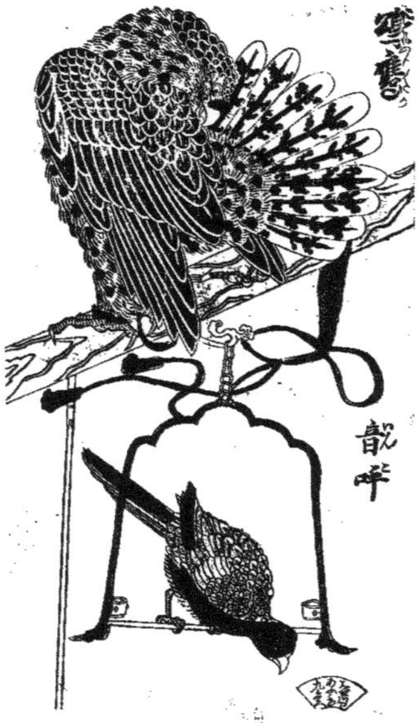

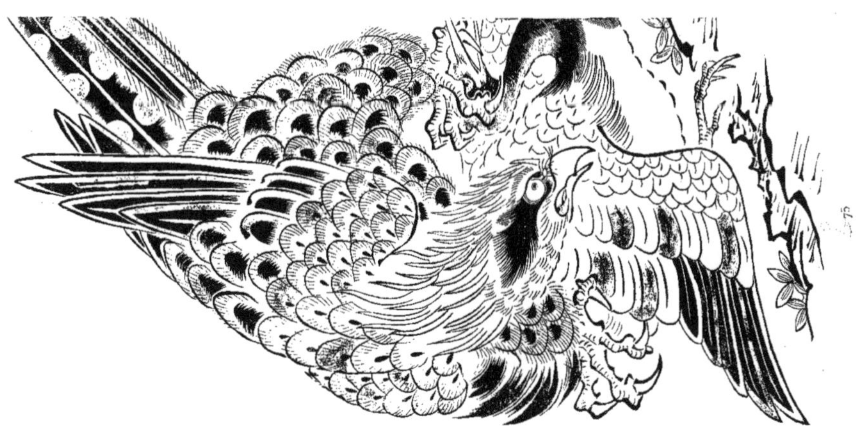

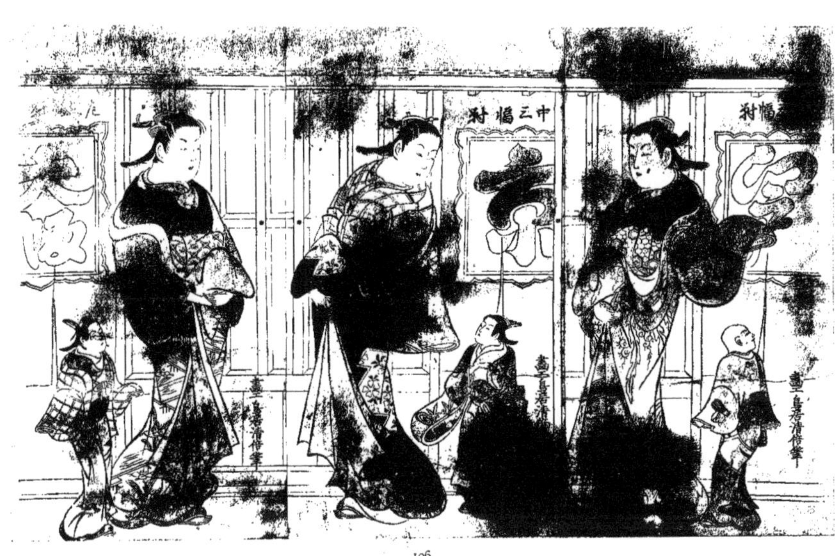

106

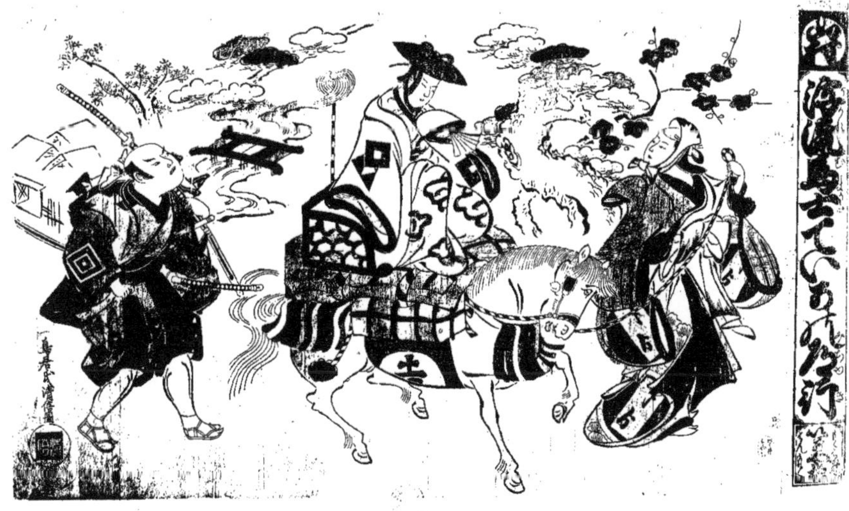

91

LES PRIMITIFS

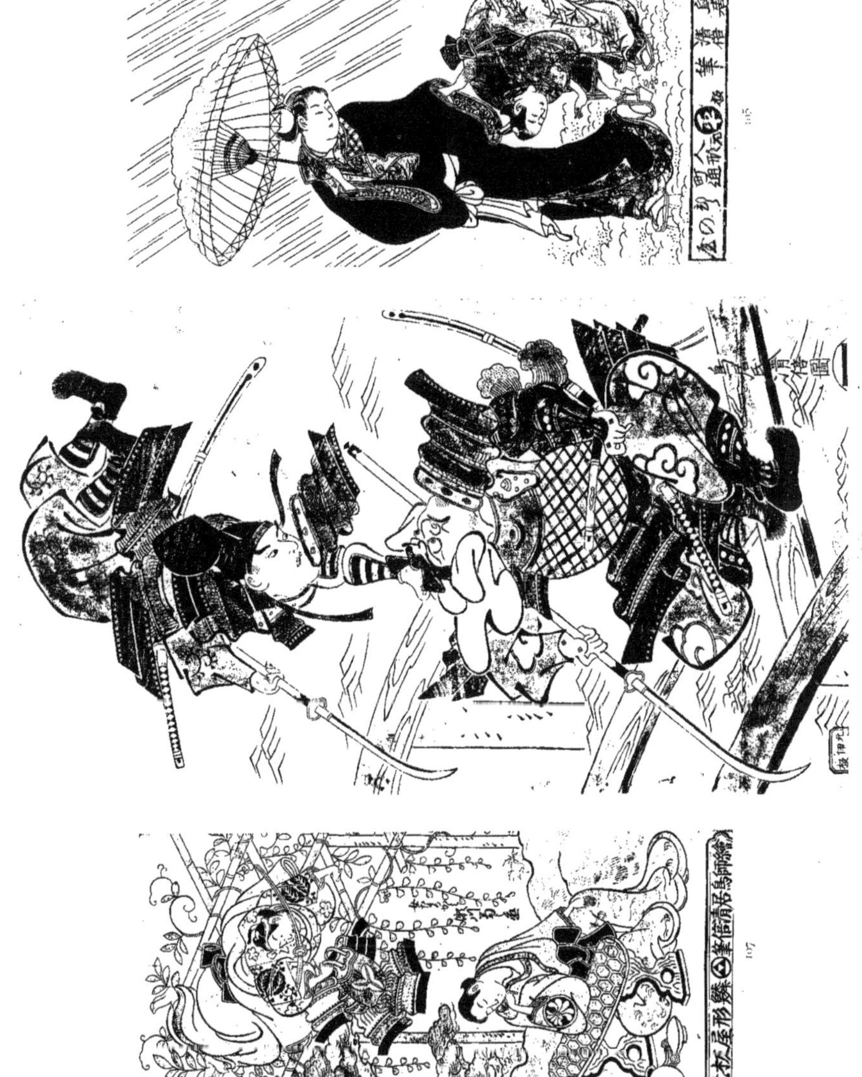

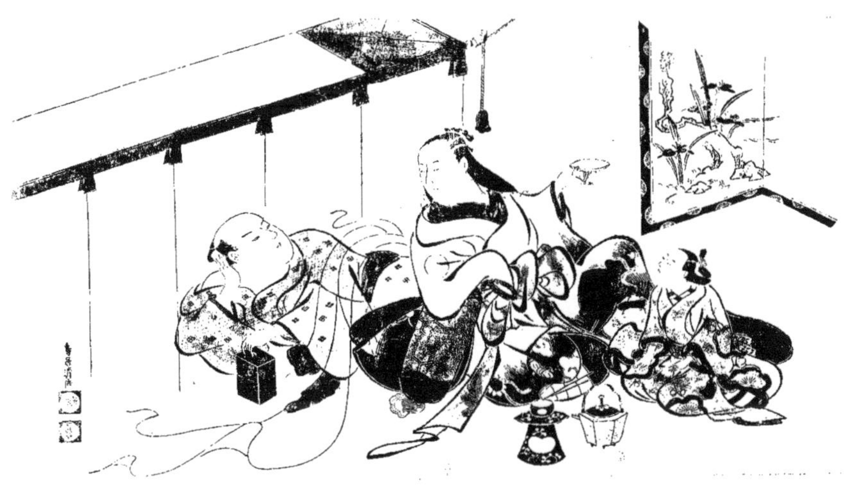

90

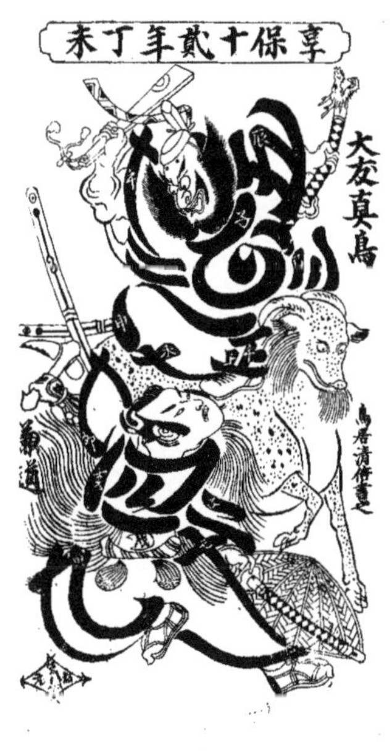

92

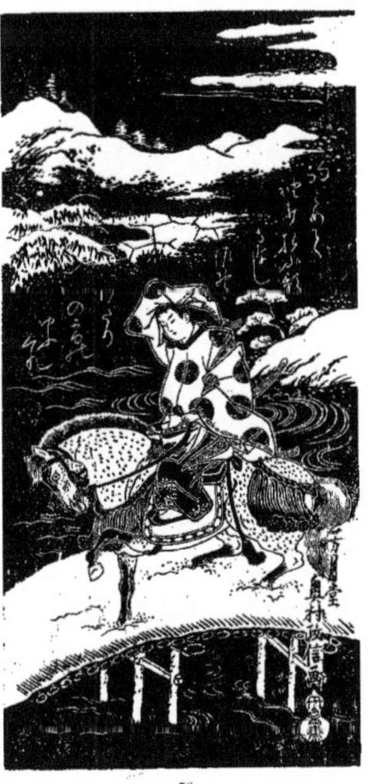

158

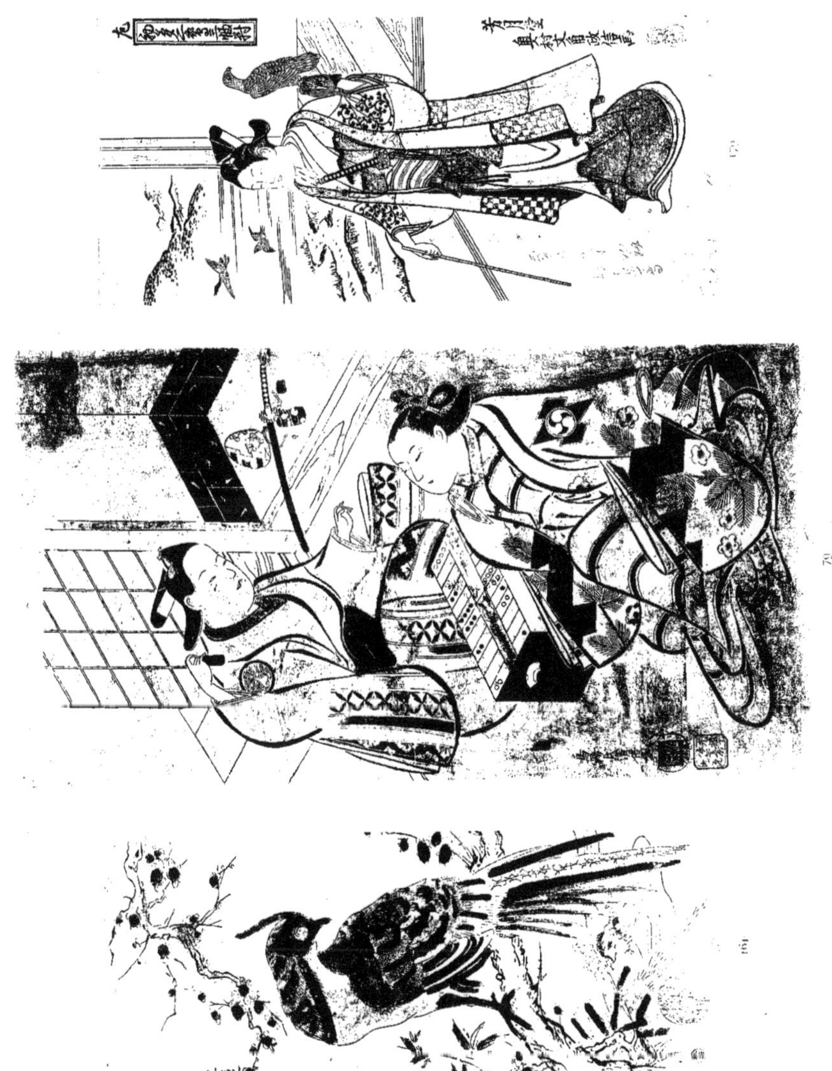

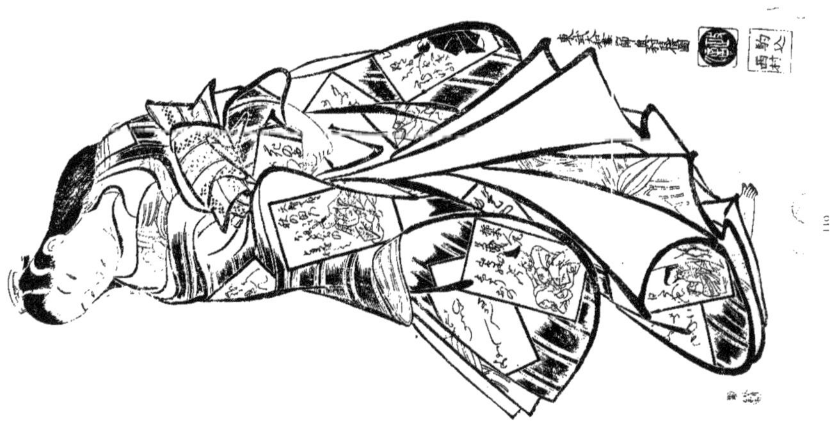

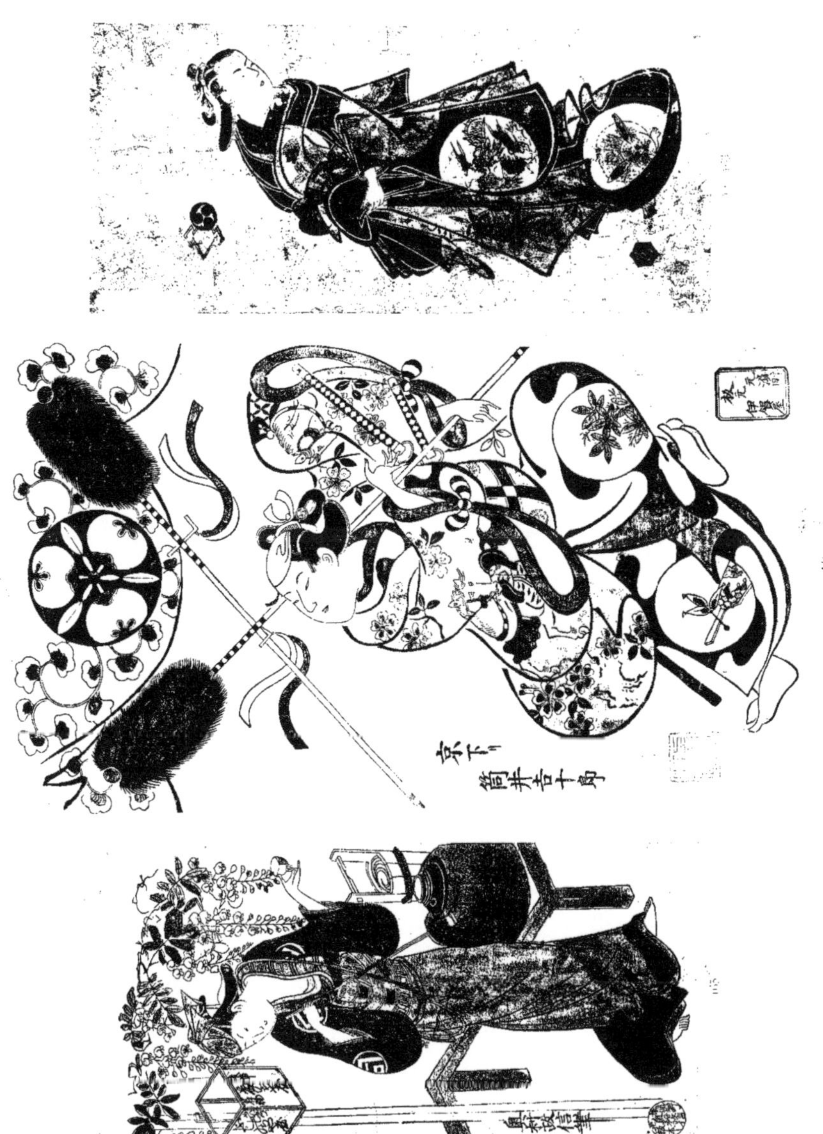

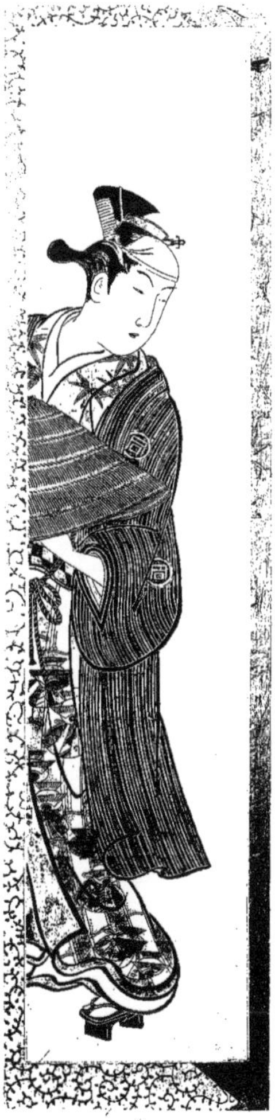

131

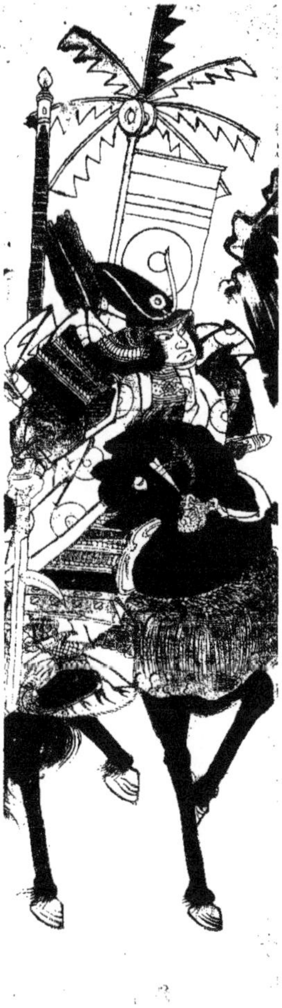

318

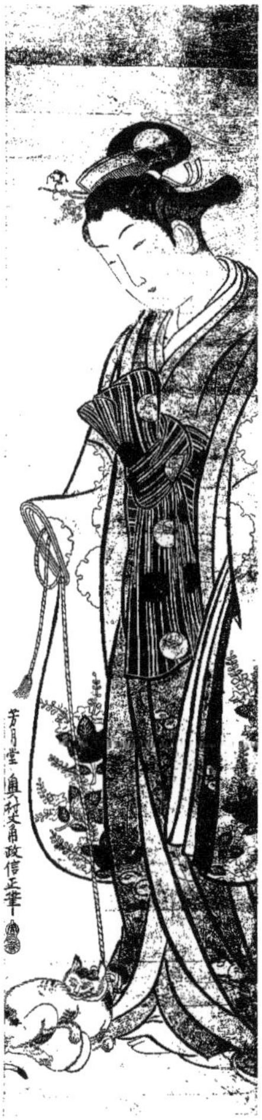

130

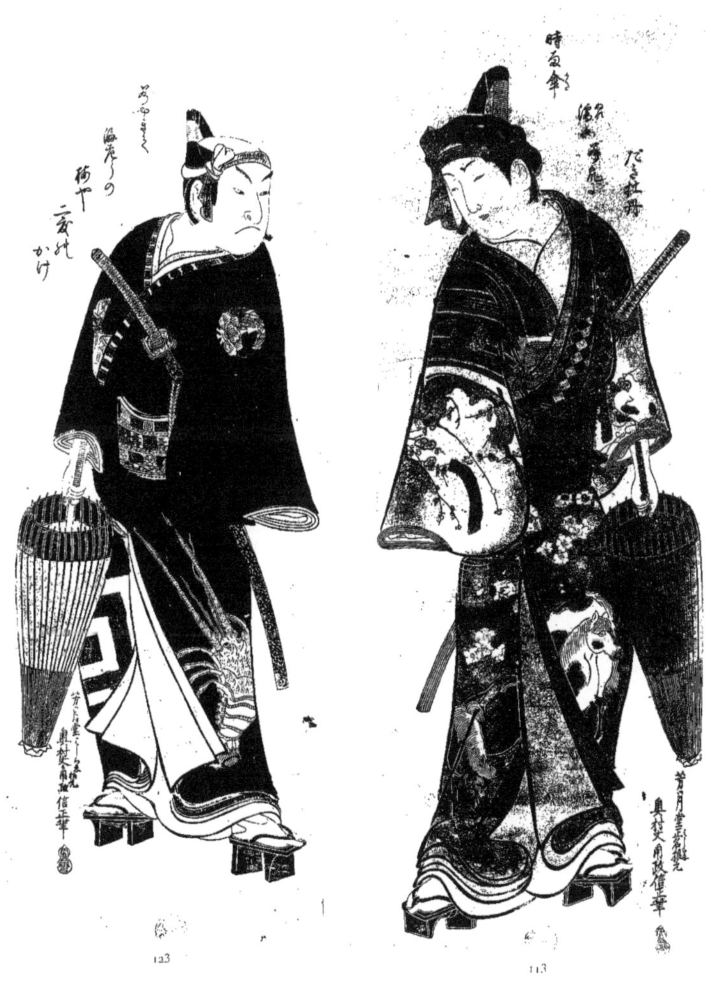

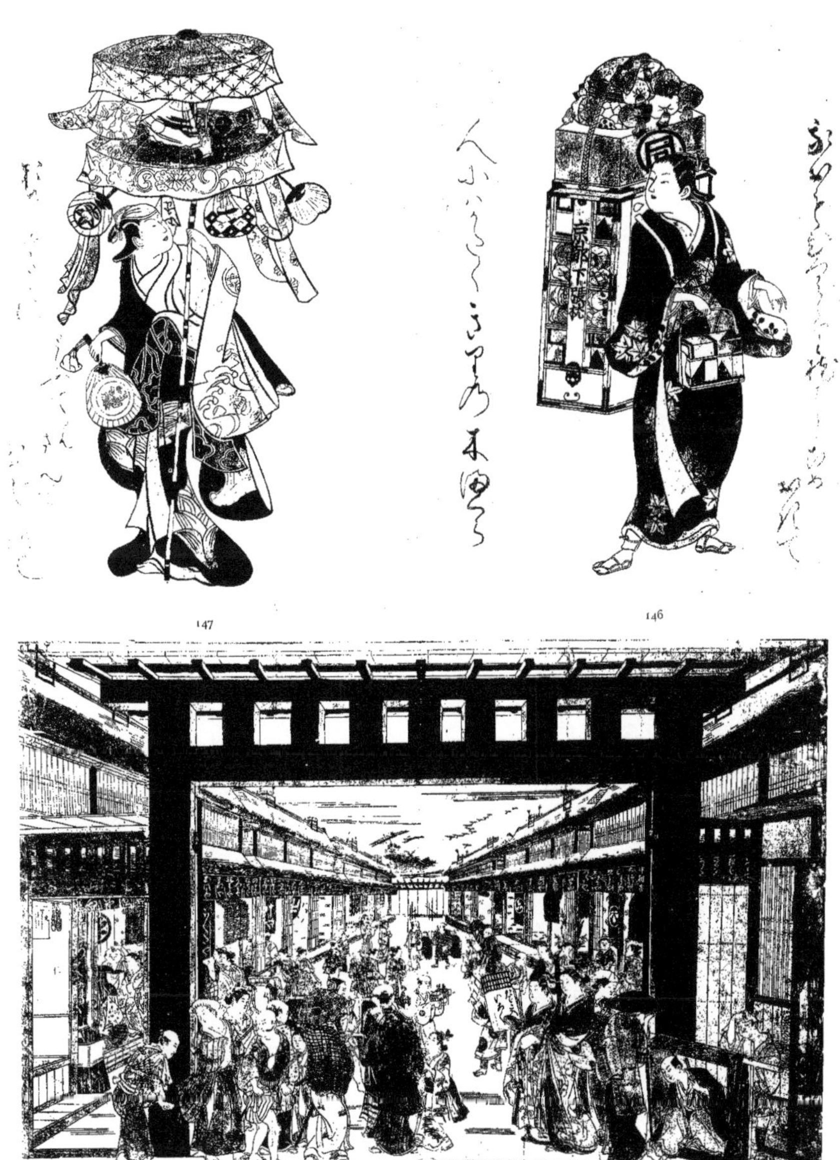

147

146

137

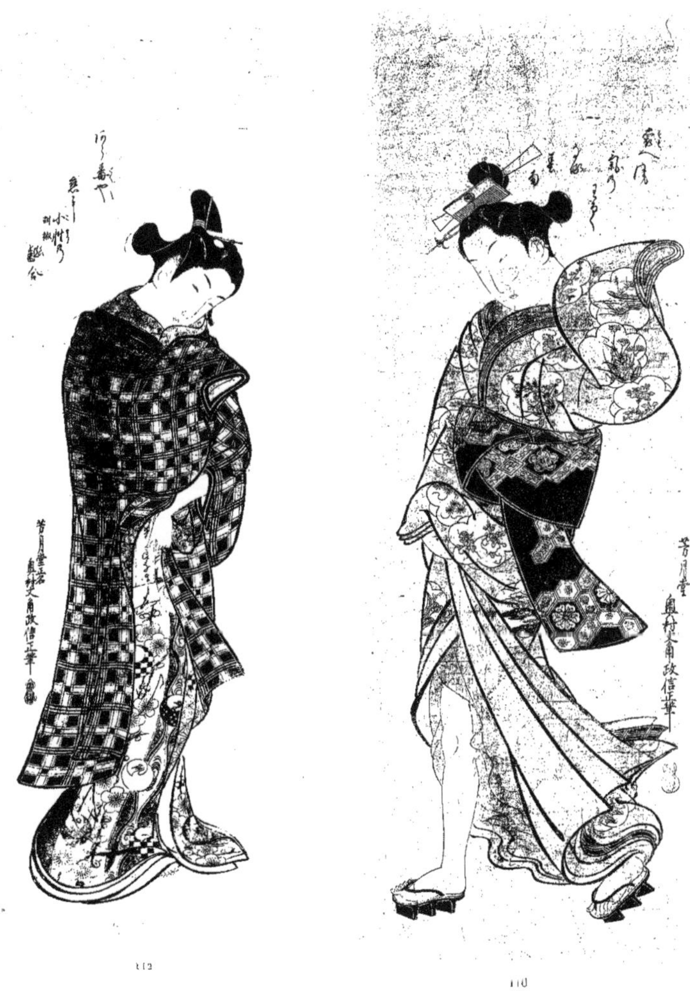

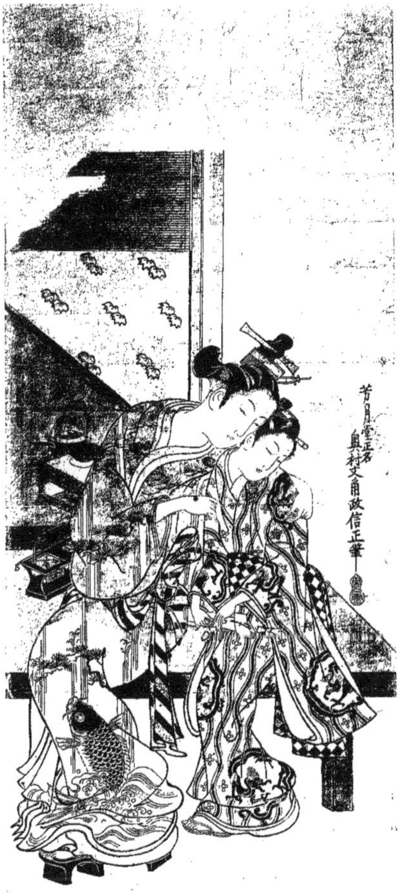

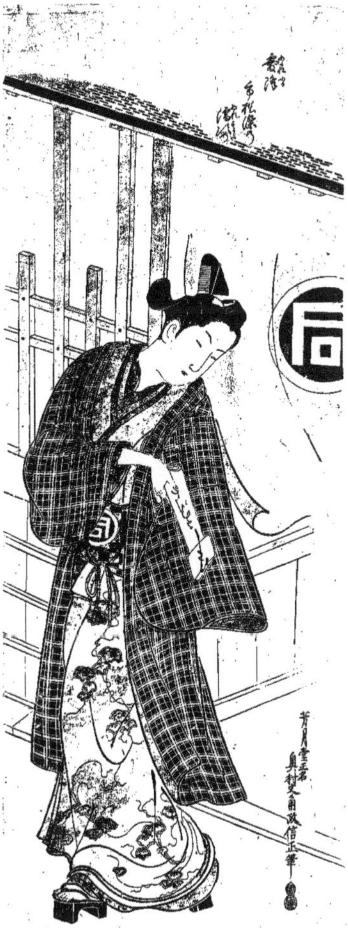

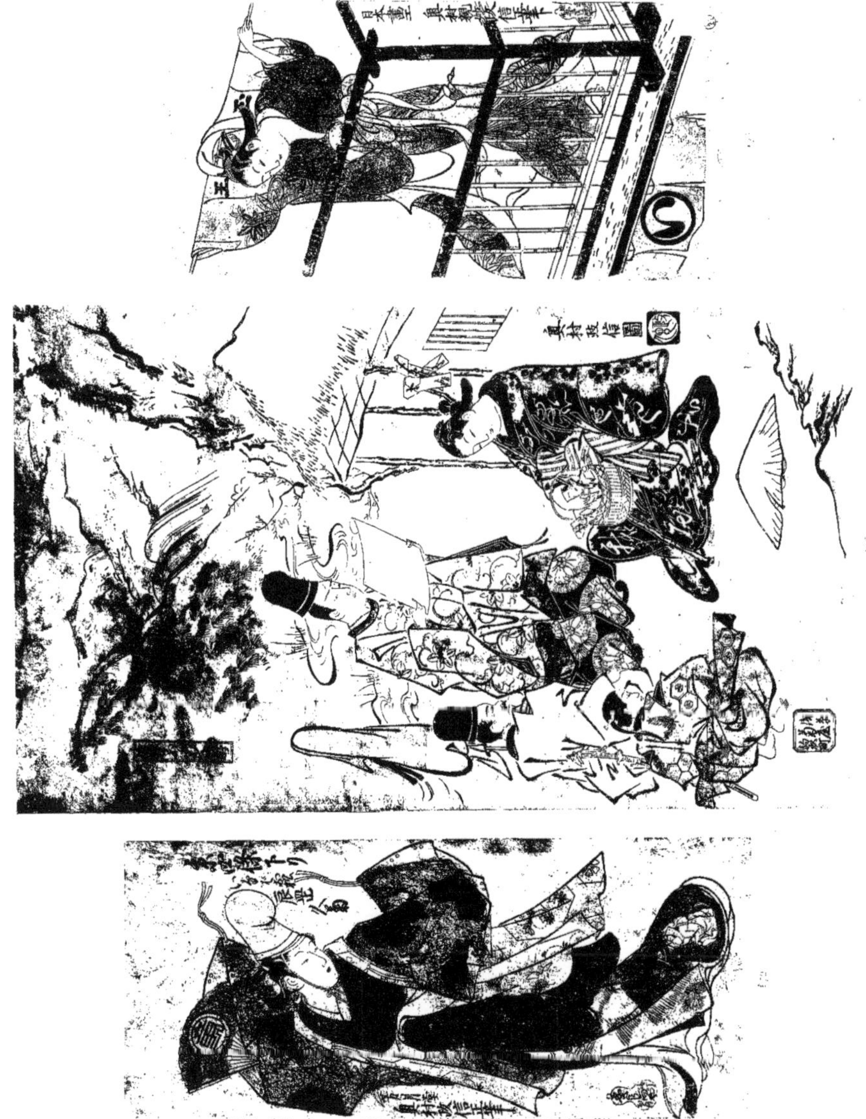

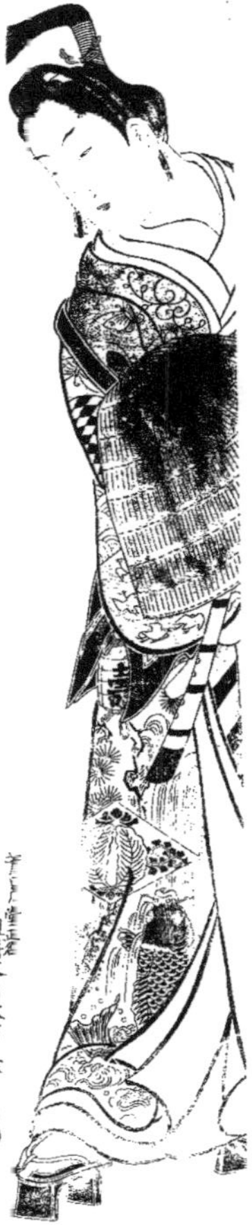

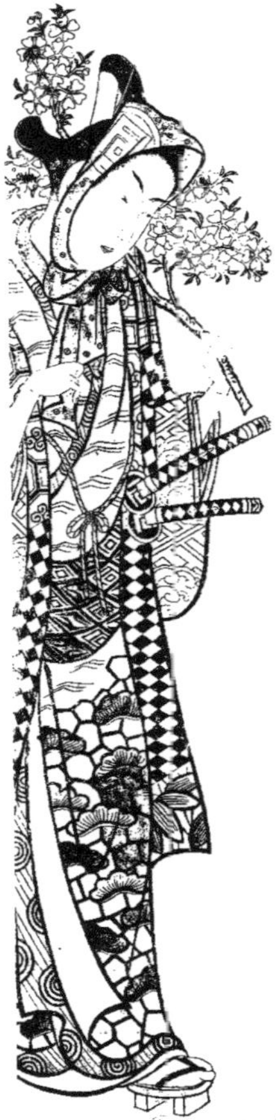

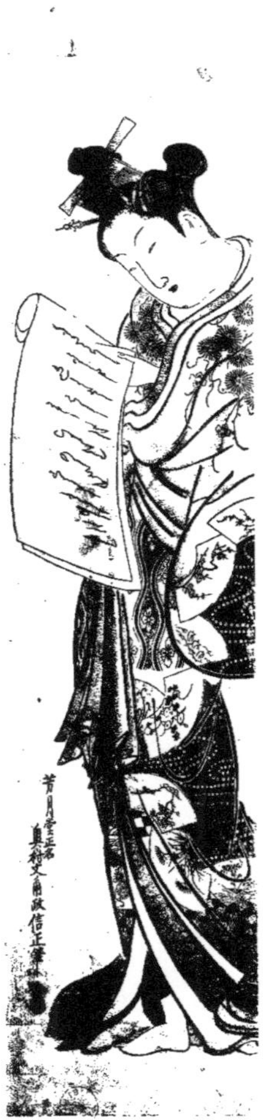

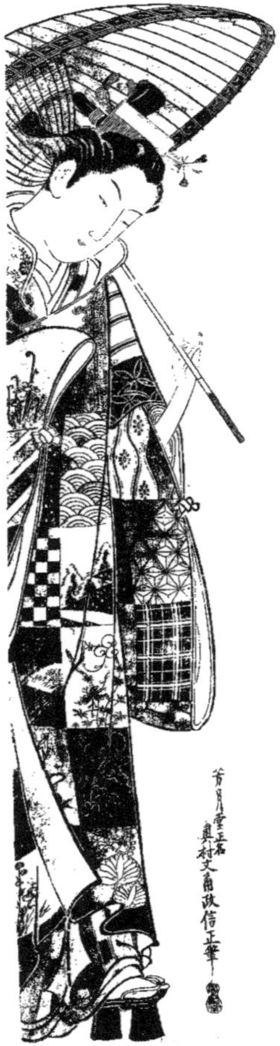

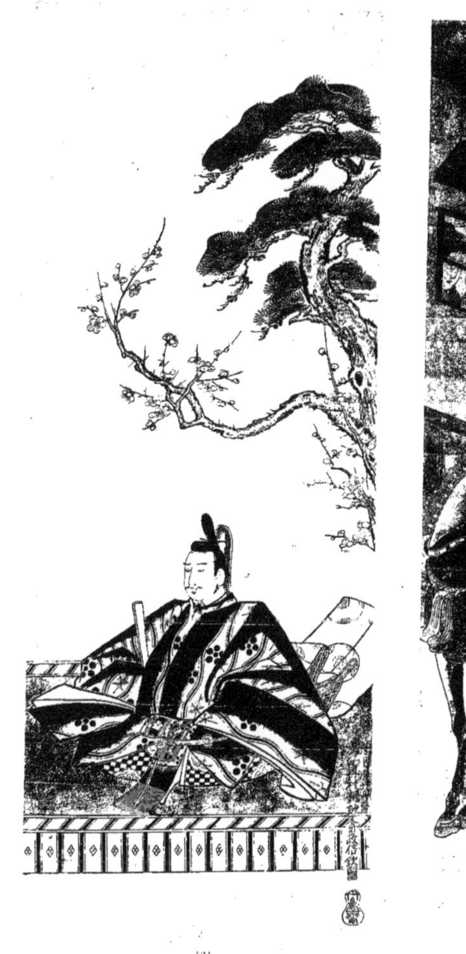

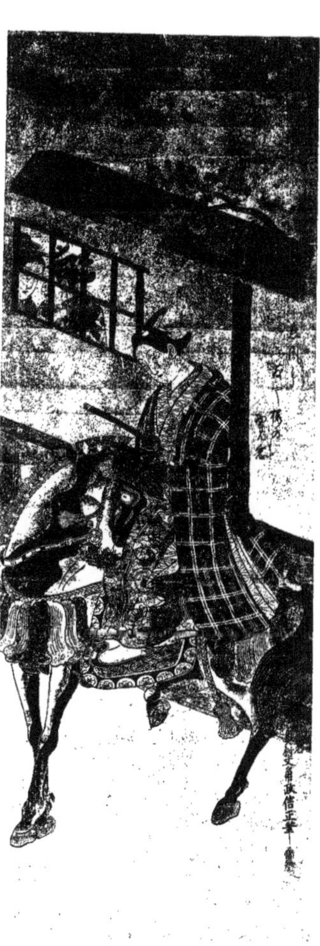

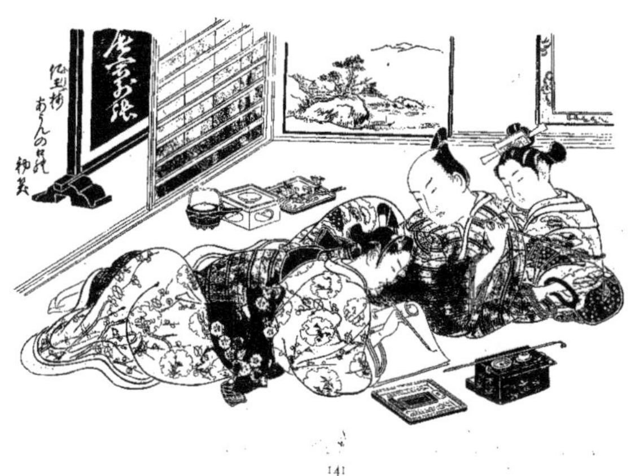

141

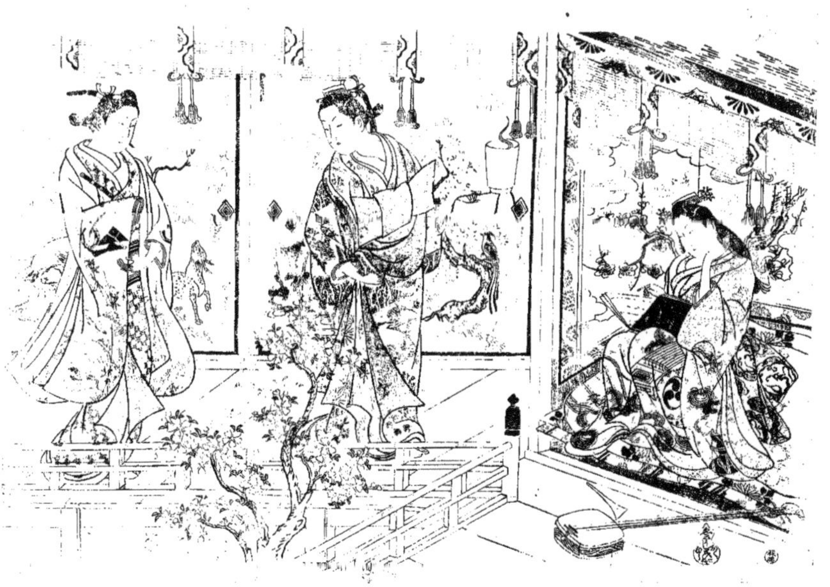

155

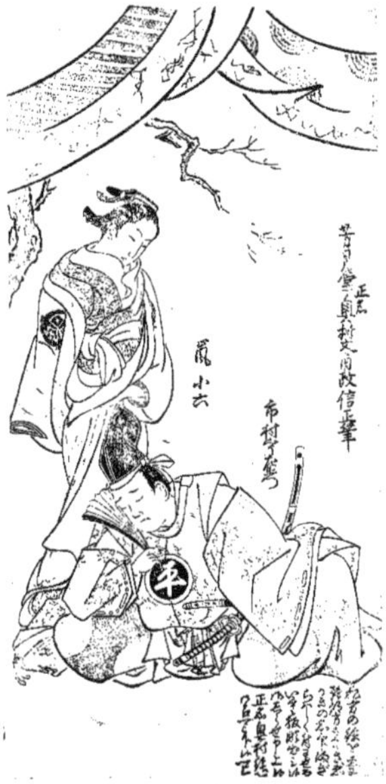

175

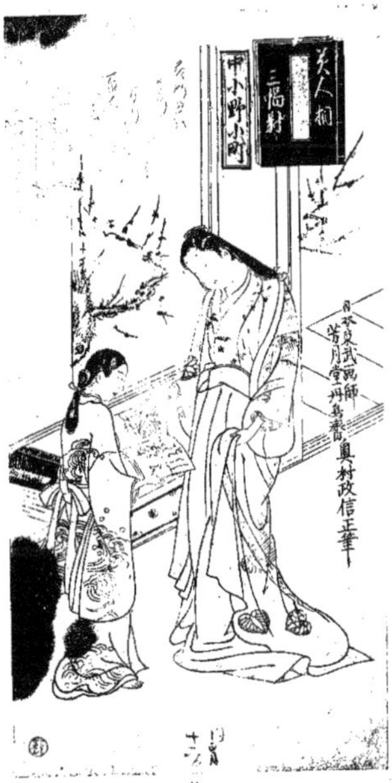

184

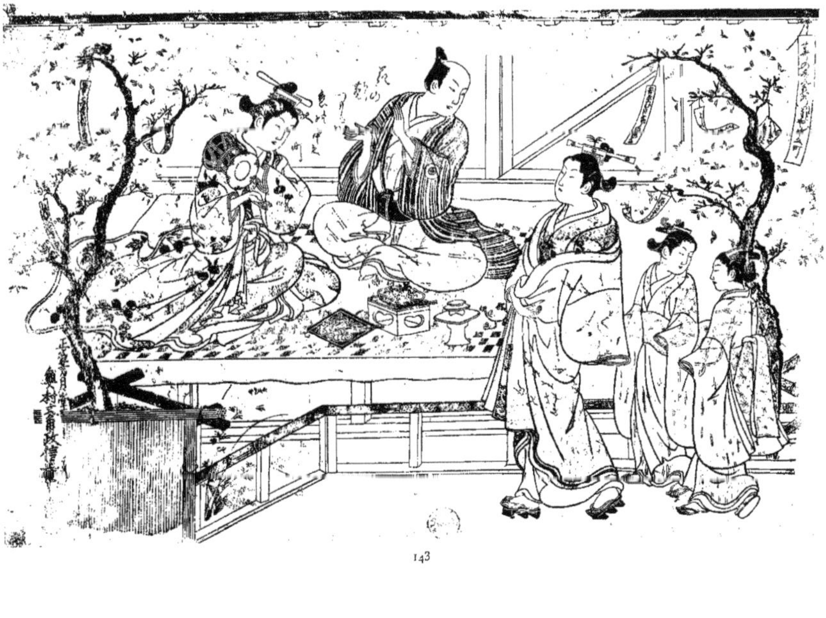

143

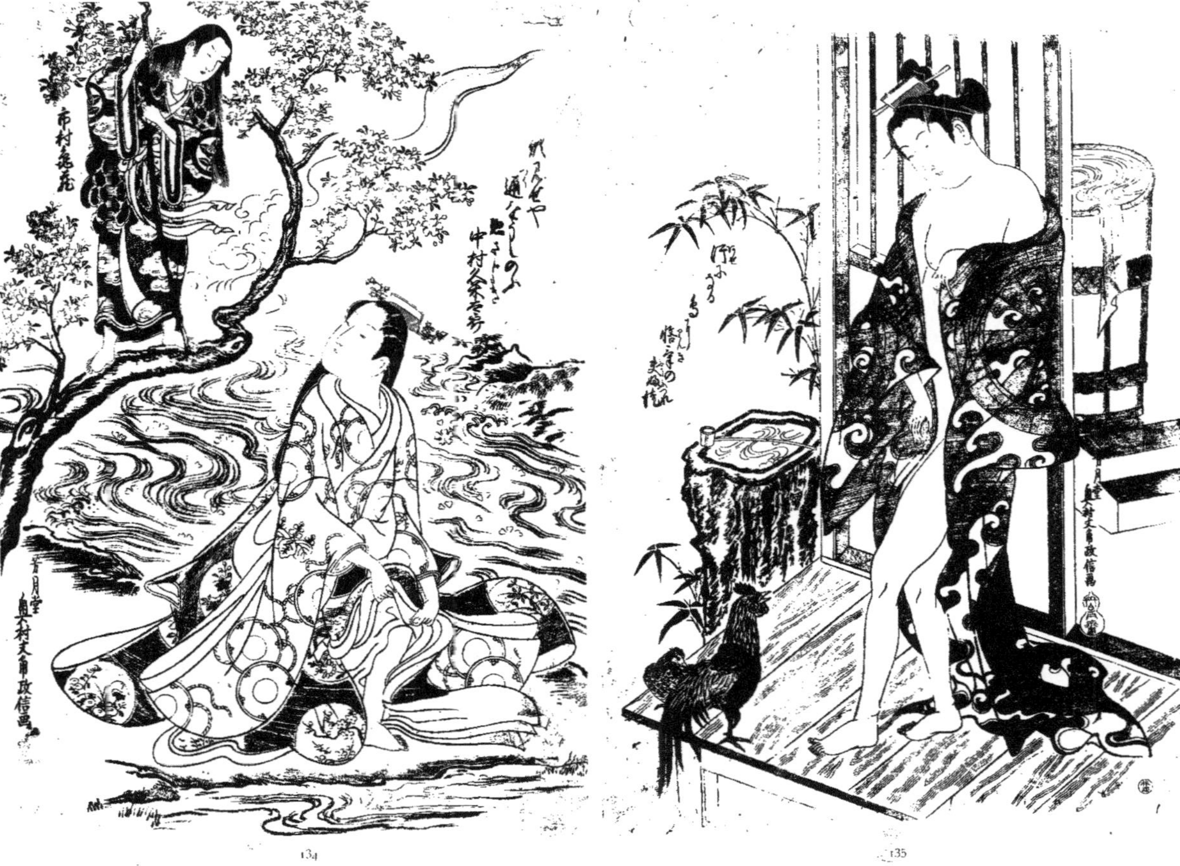

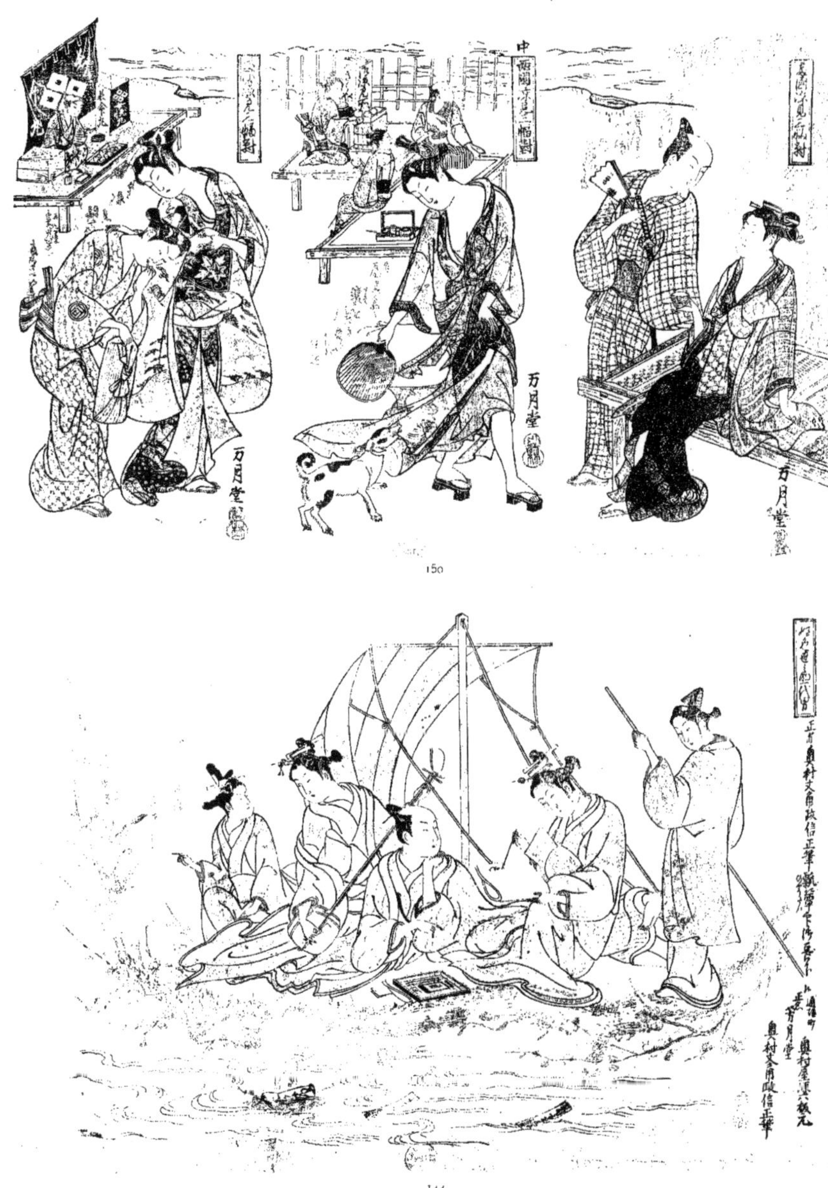

150

144

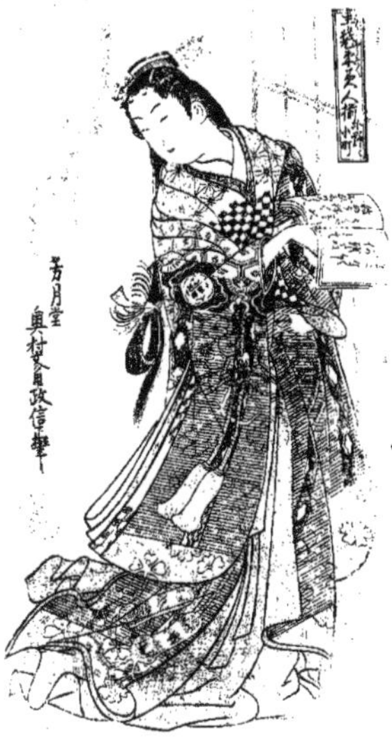

182

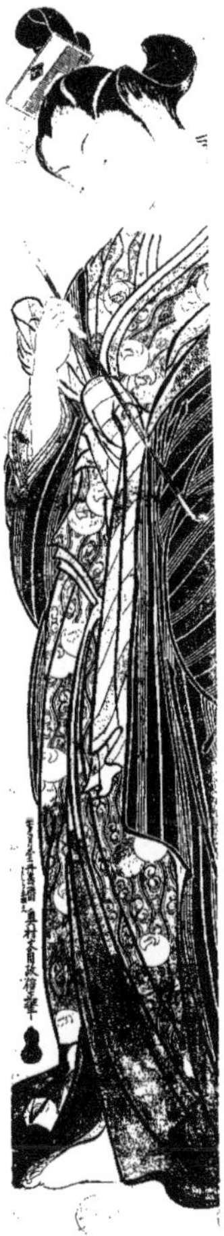

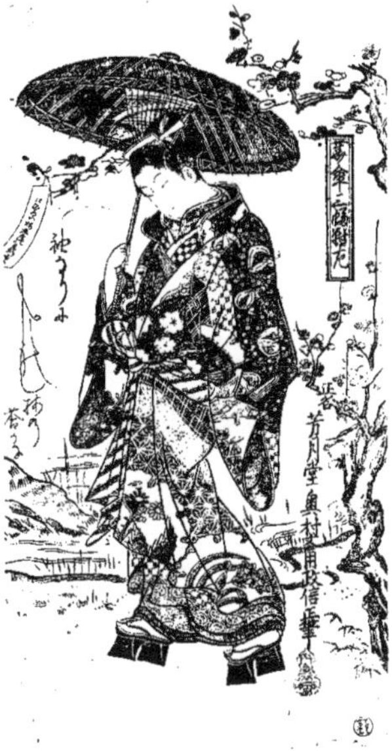

183

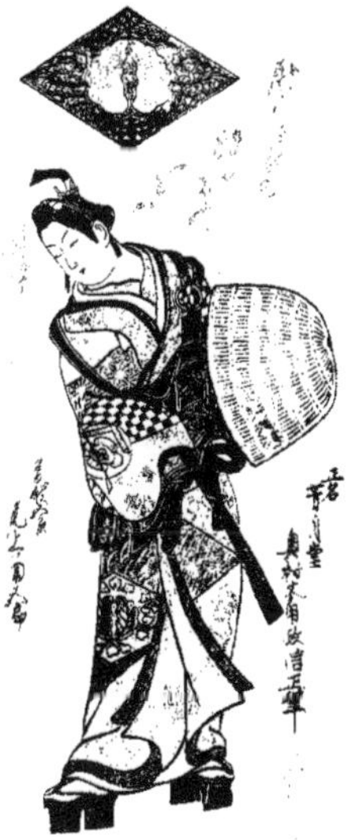

185

125

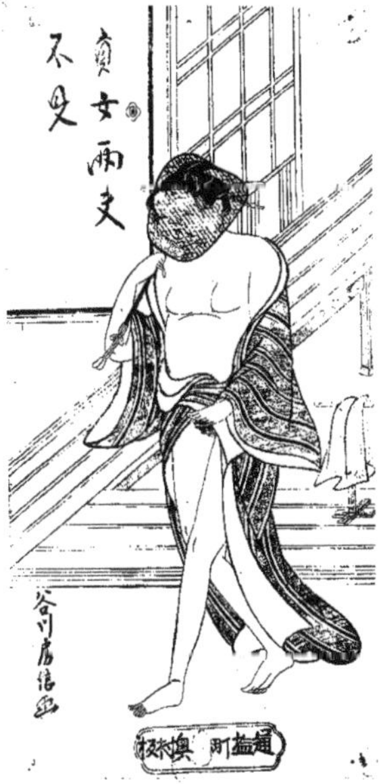

237

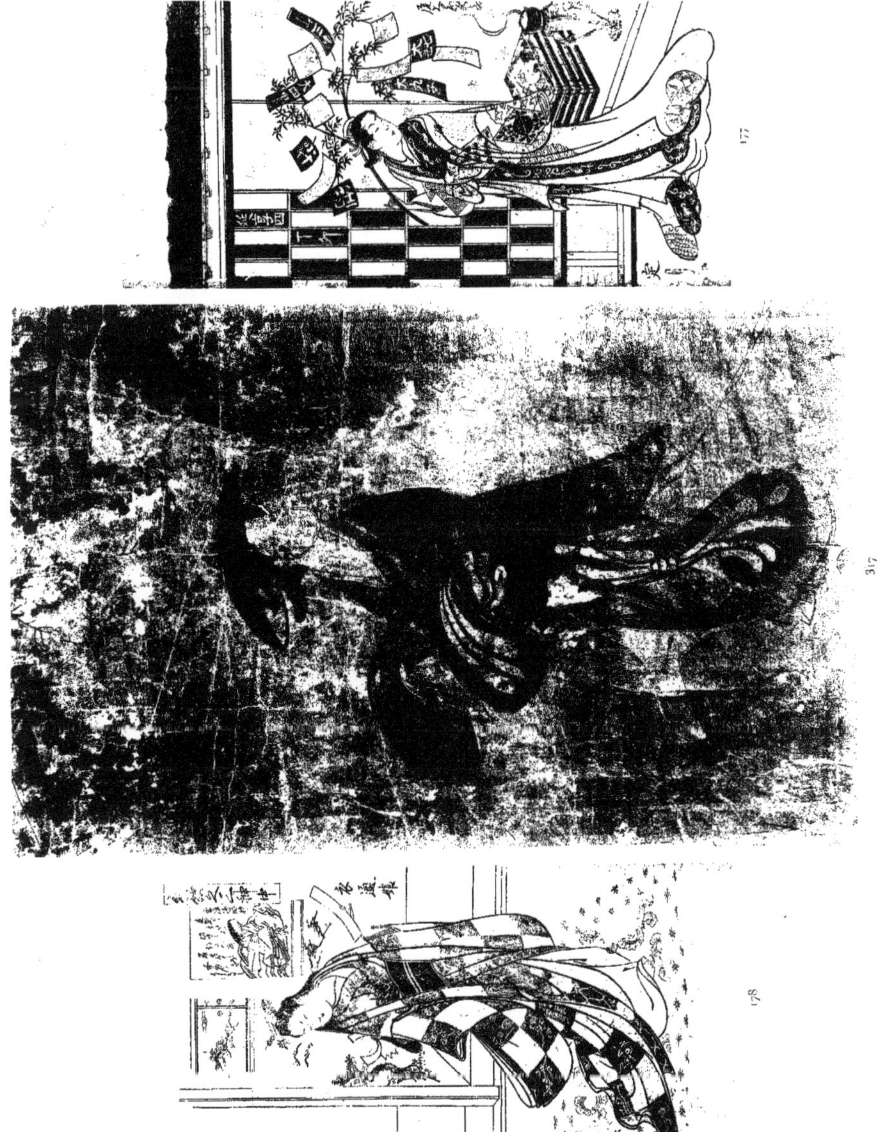

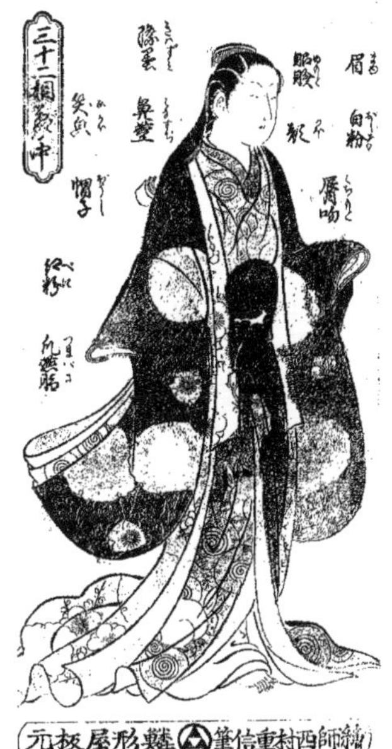

253

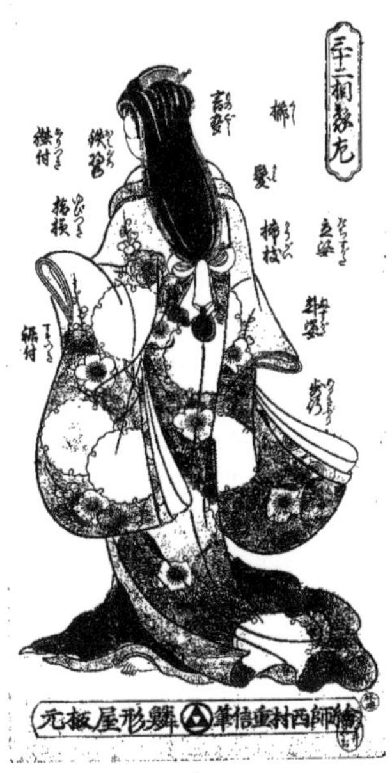

254

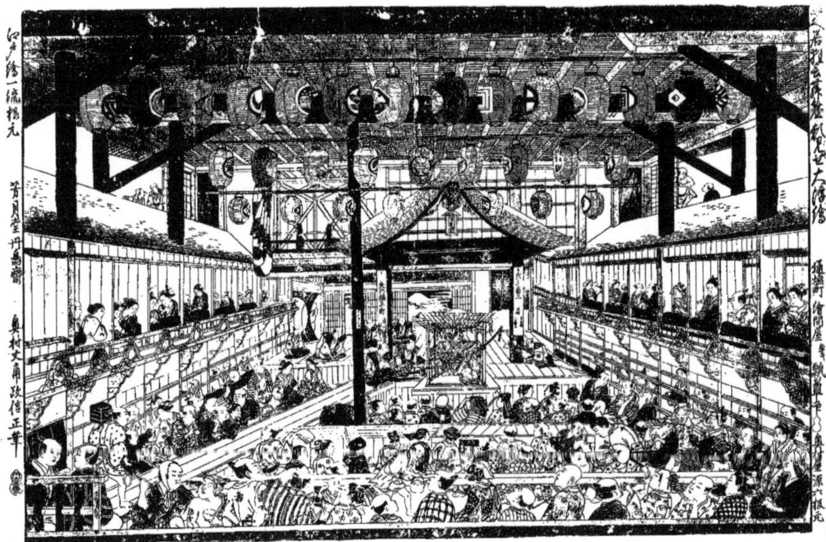

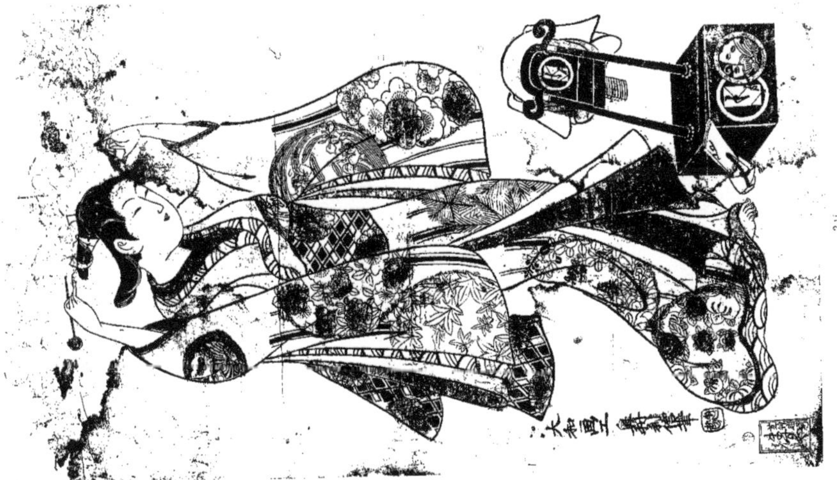

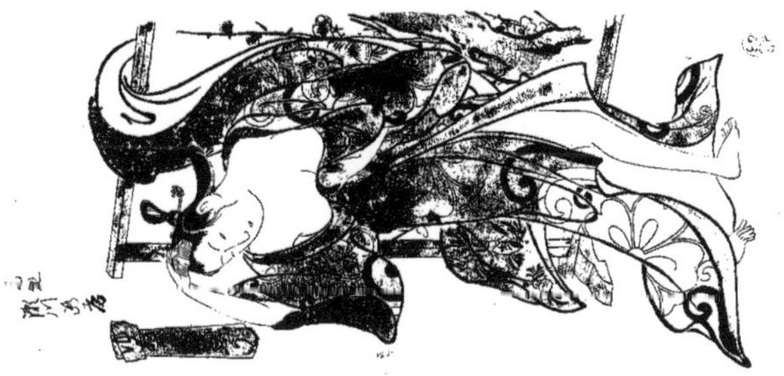

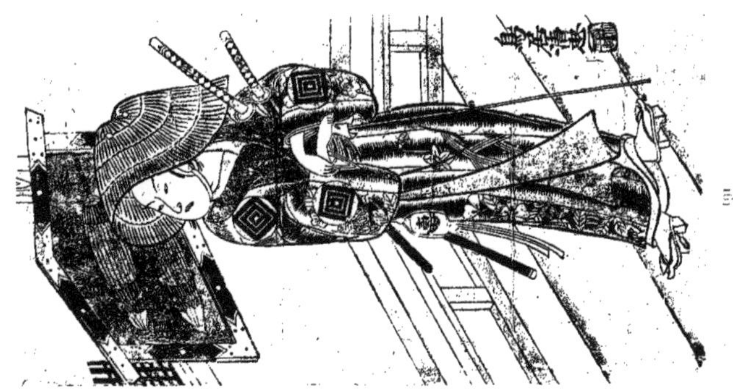

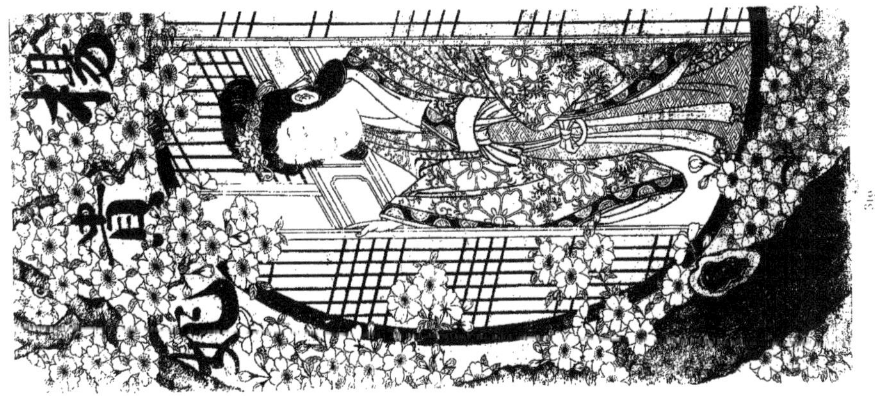

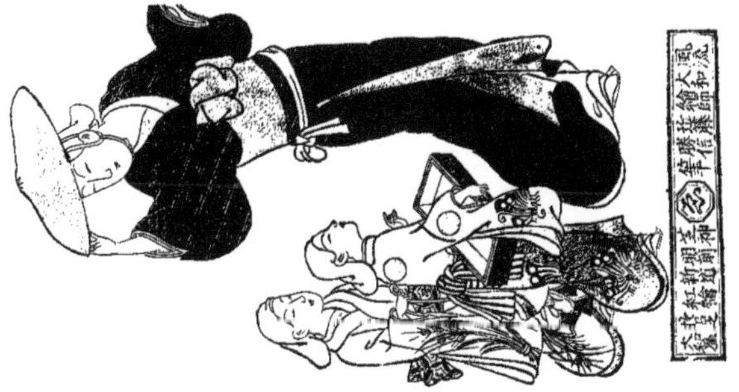

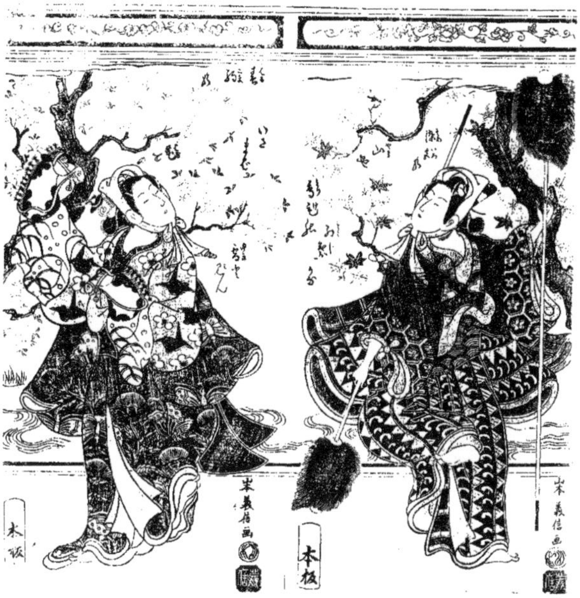

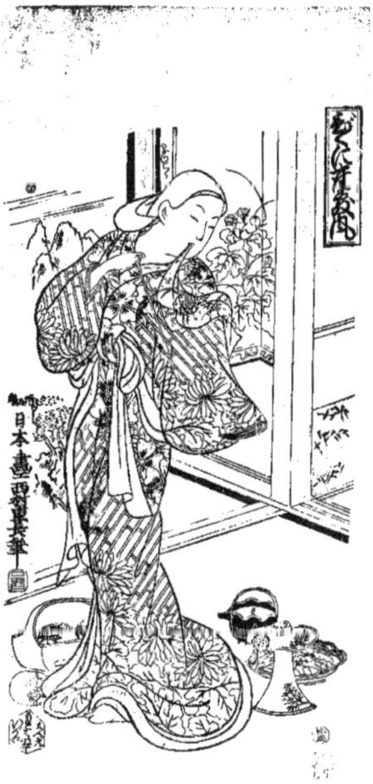

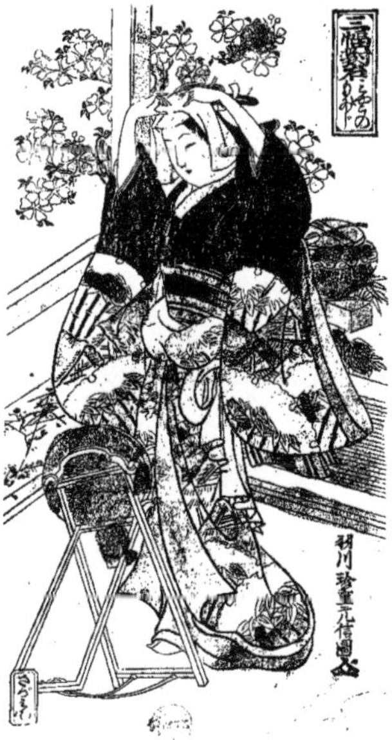

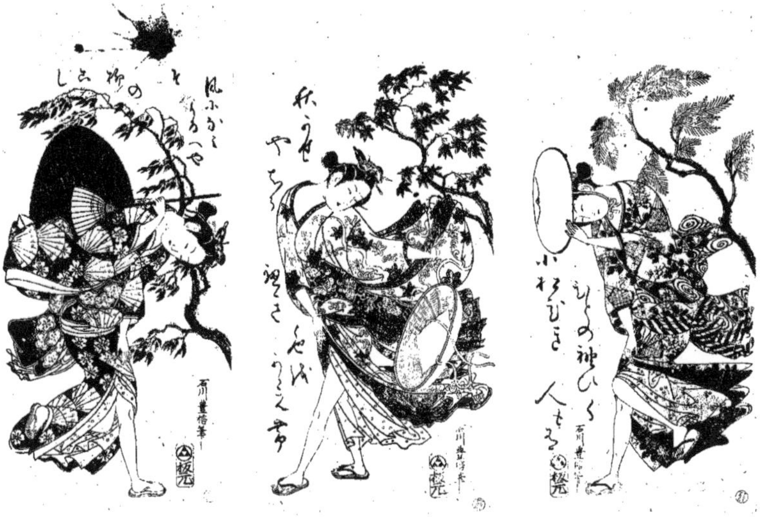

226

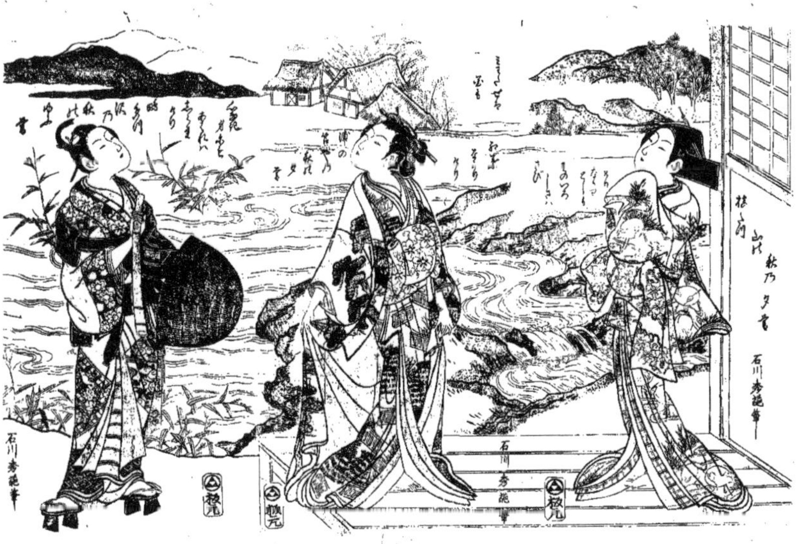

228

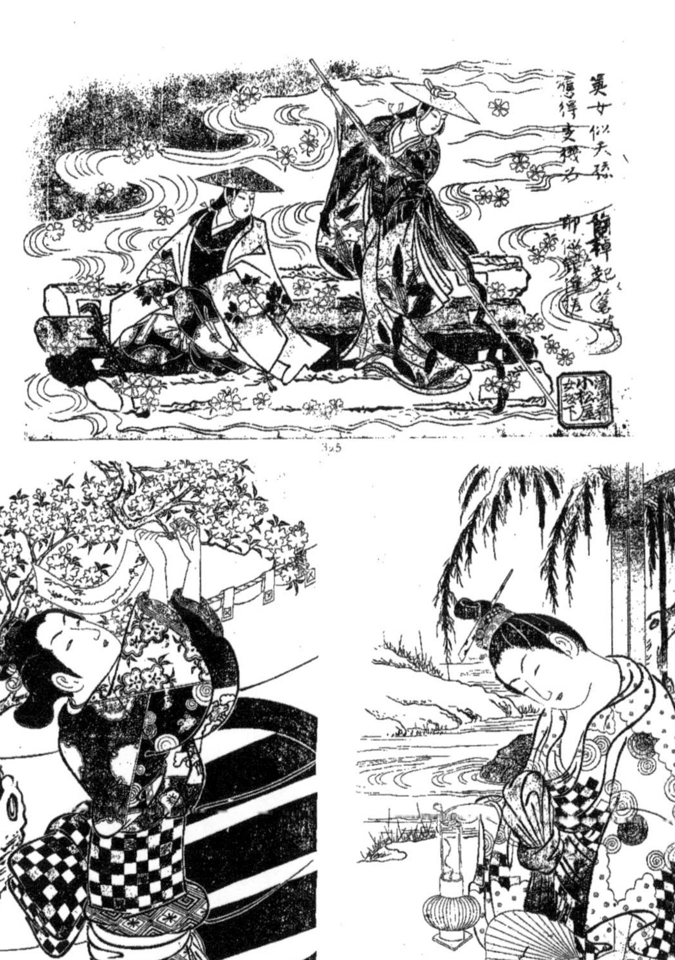

204   203

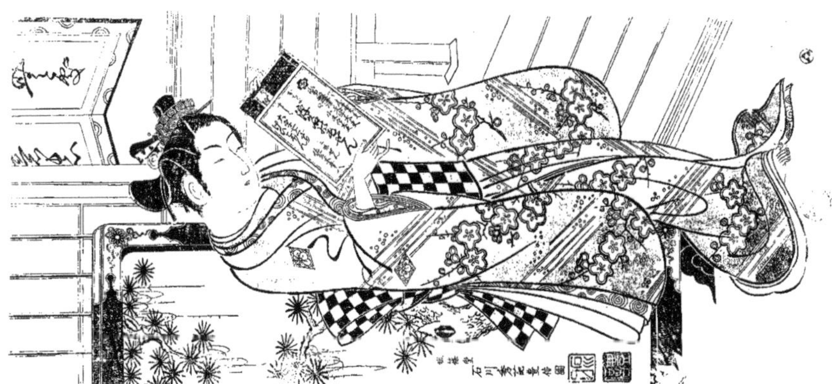

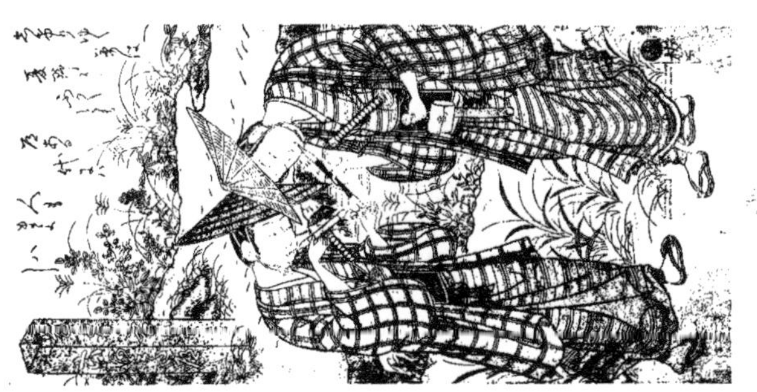

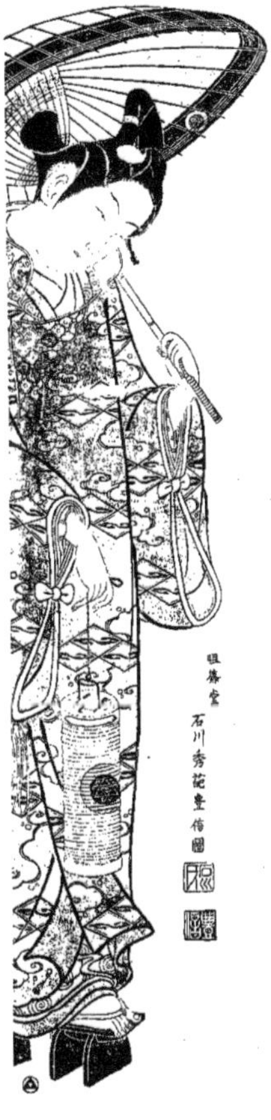

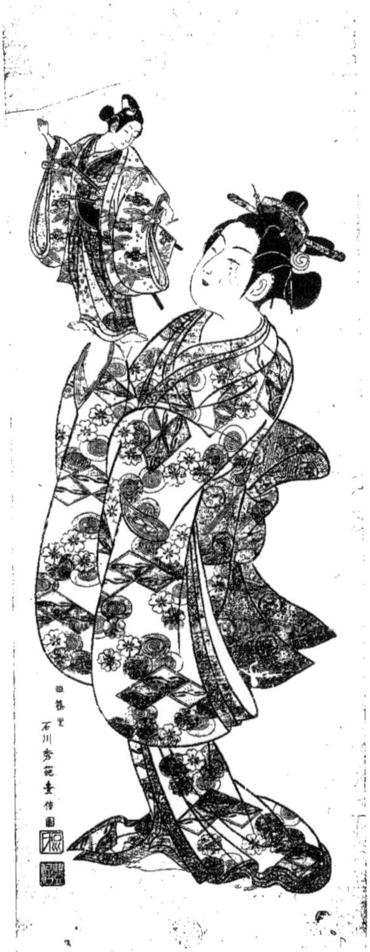

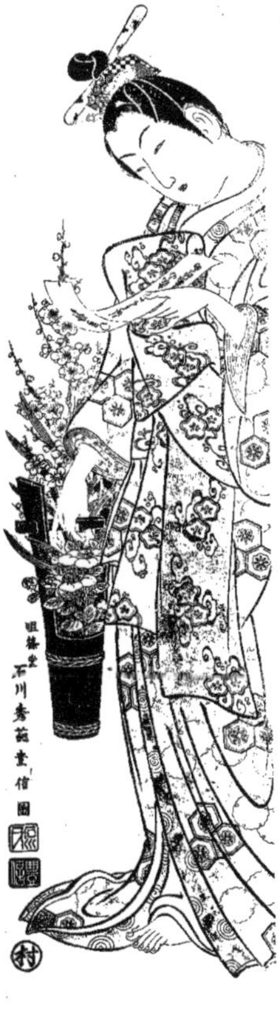

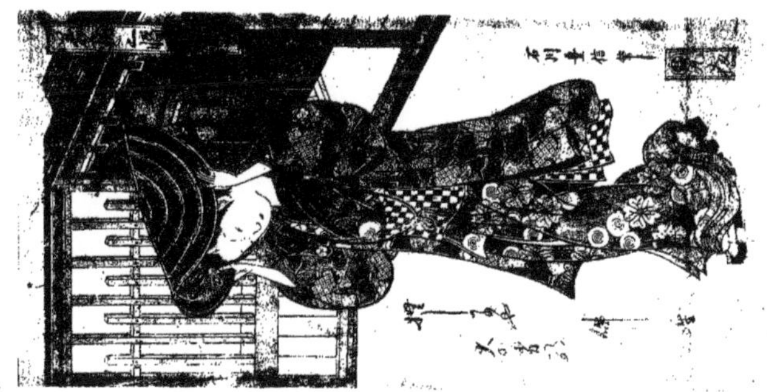

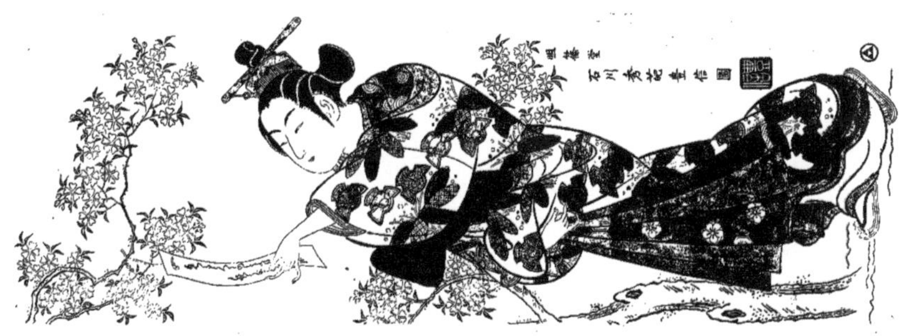

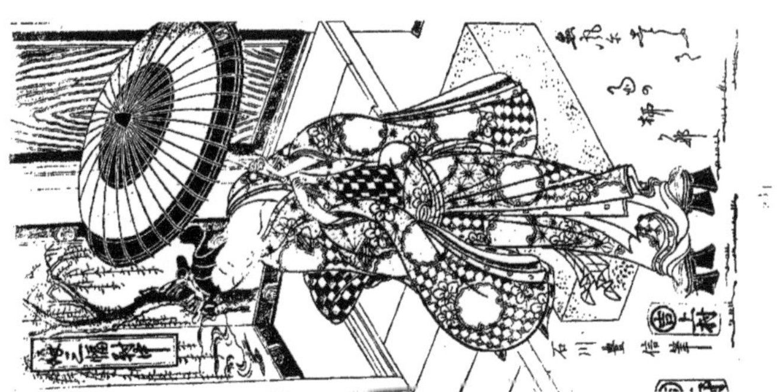

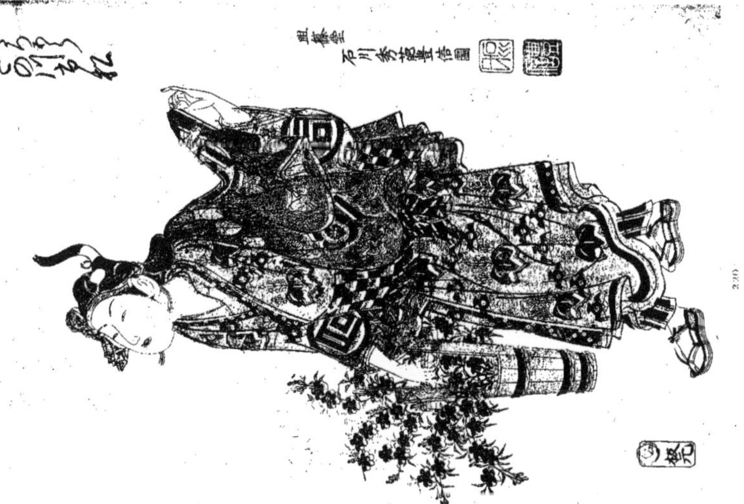

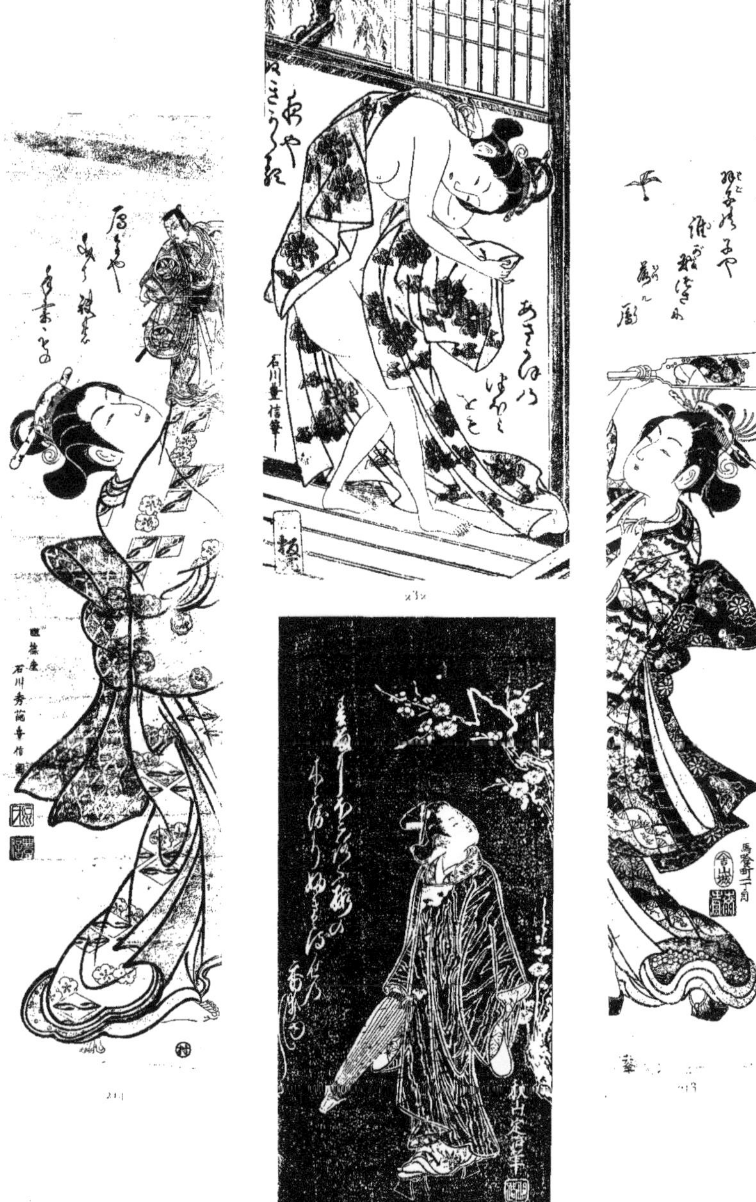

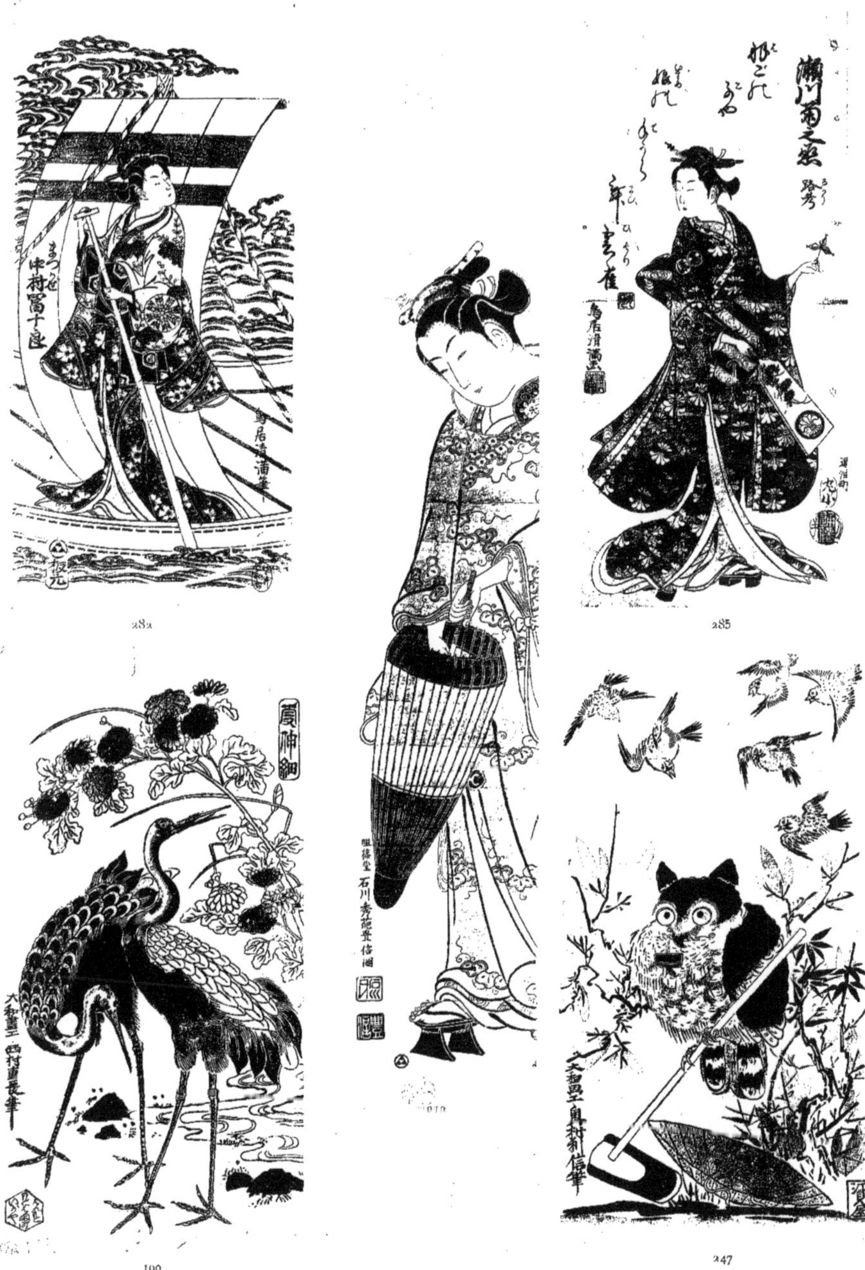

282

199

285

247

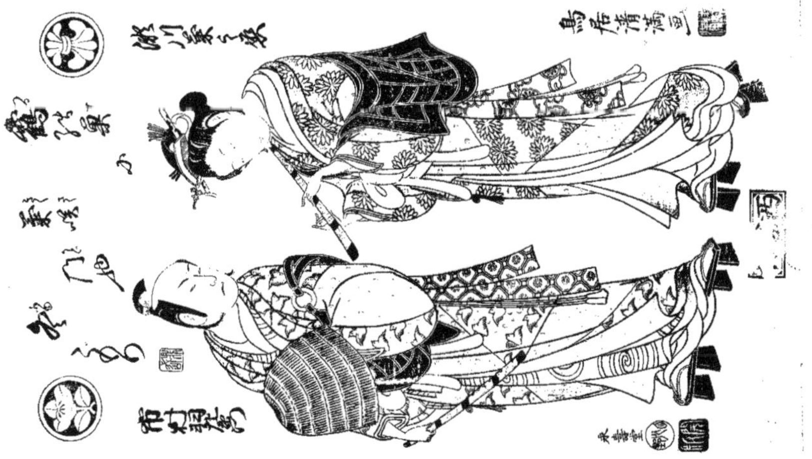

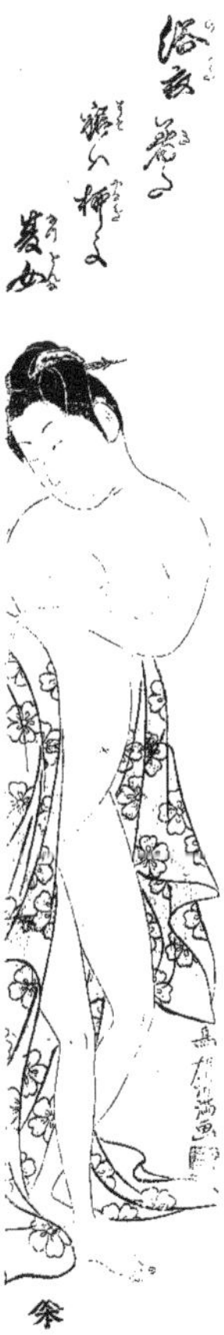

258

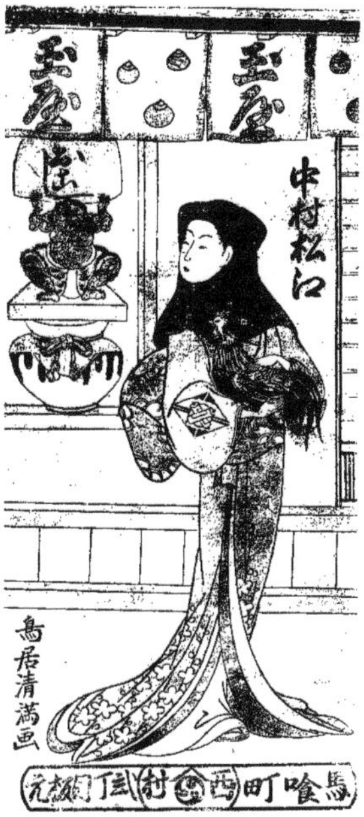

280

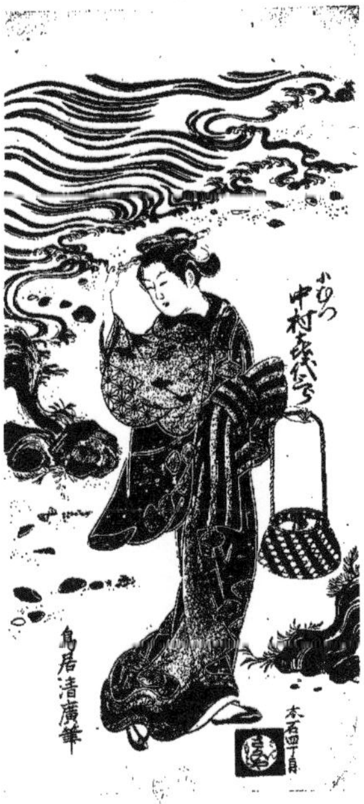

308

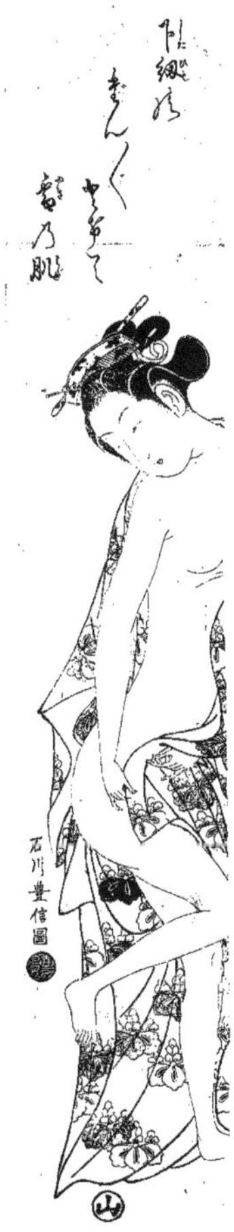

216

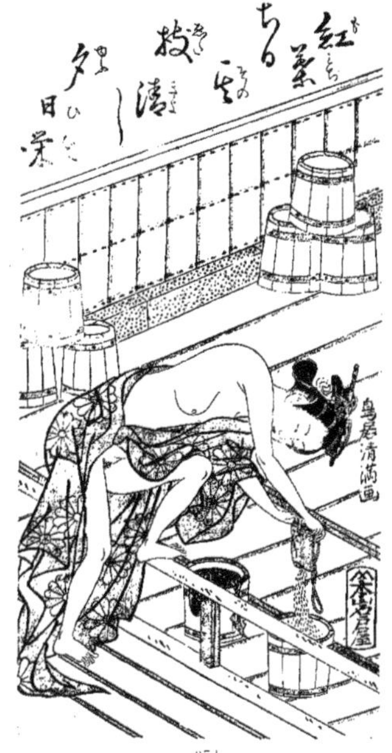

37-1

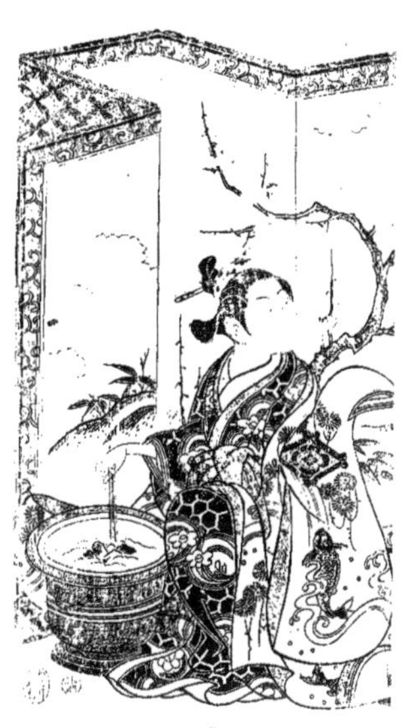

281

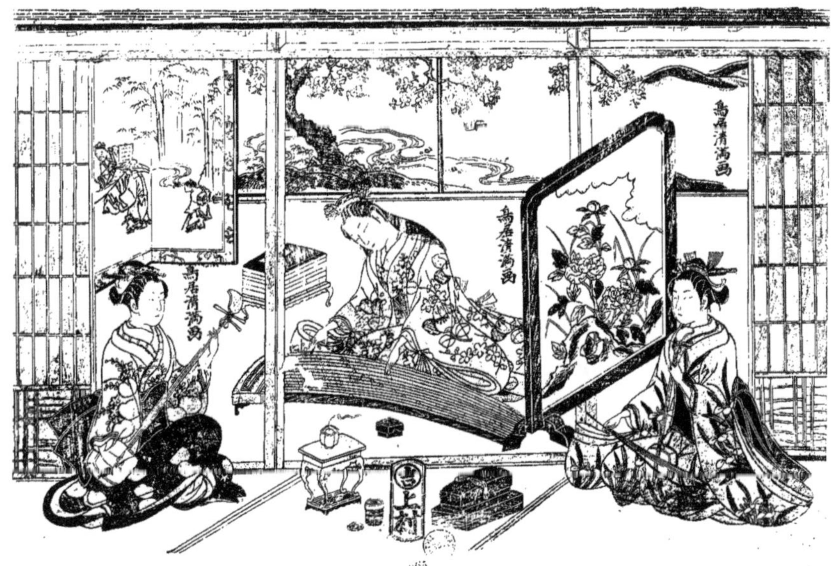

265

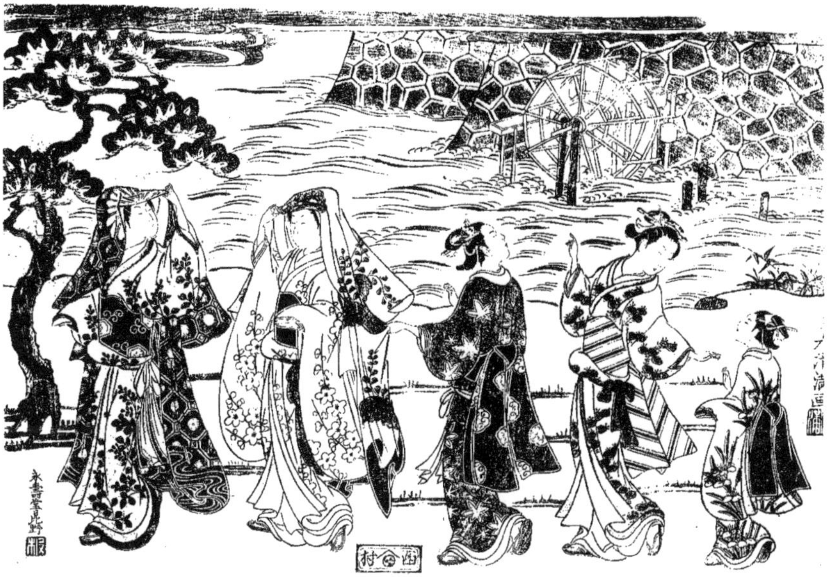

267

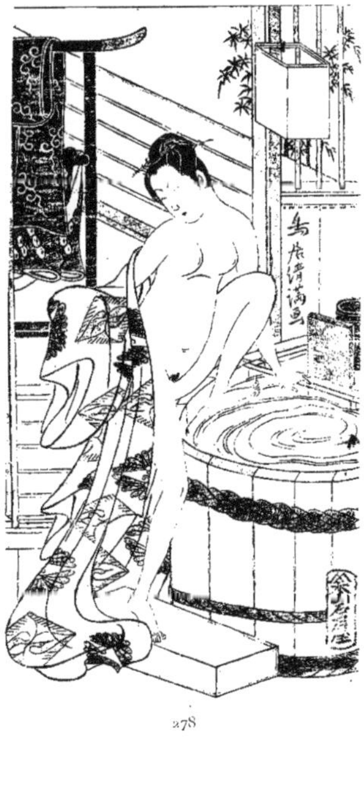

278

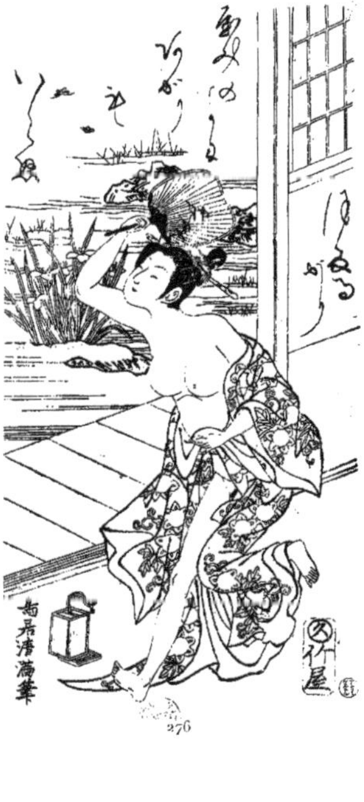

276

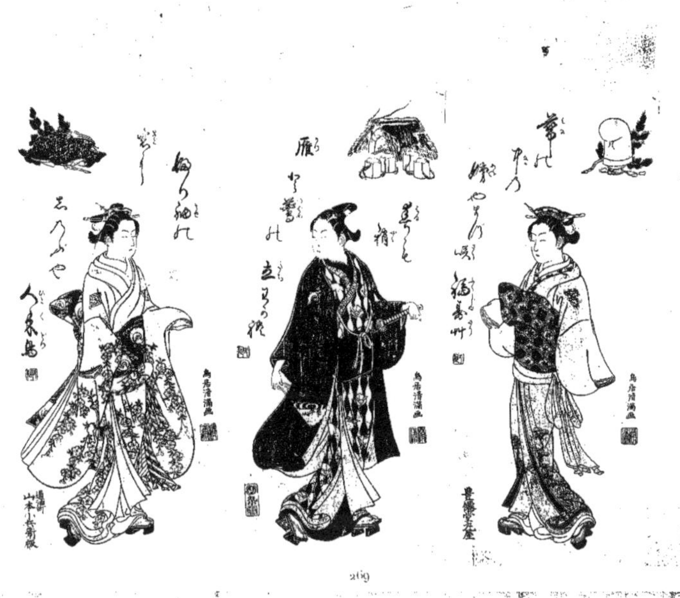

269

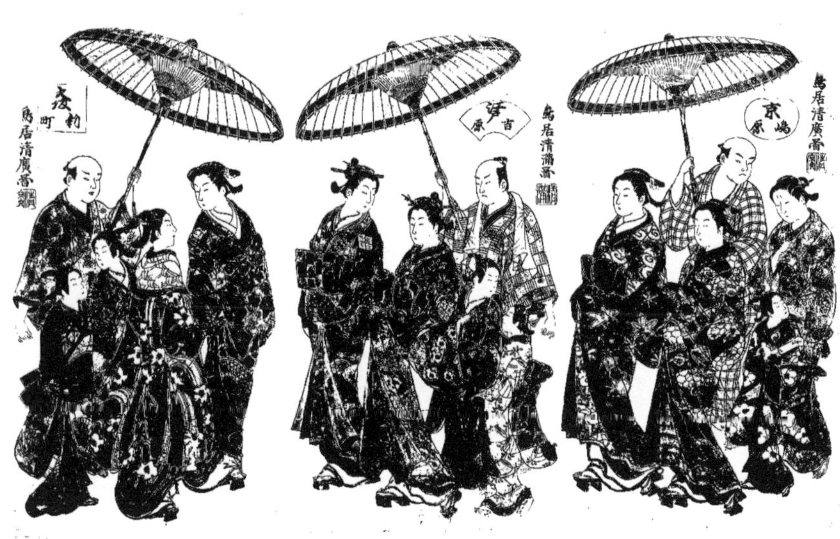

291

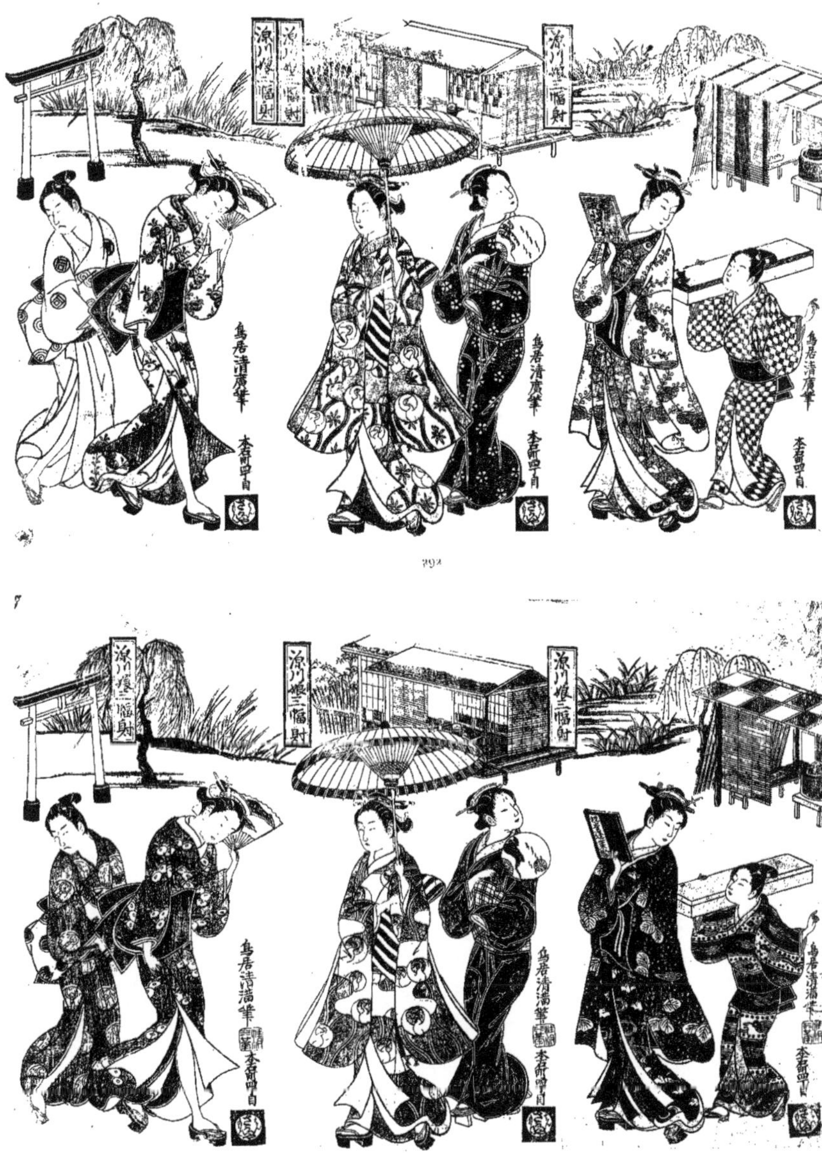

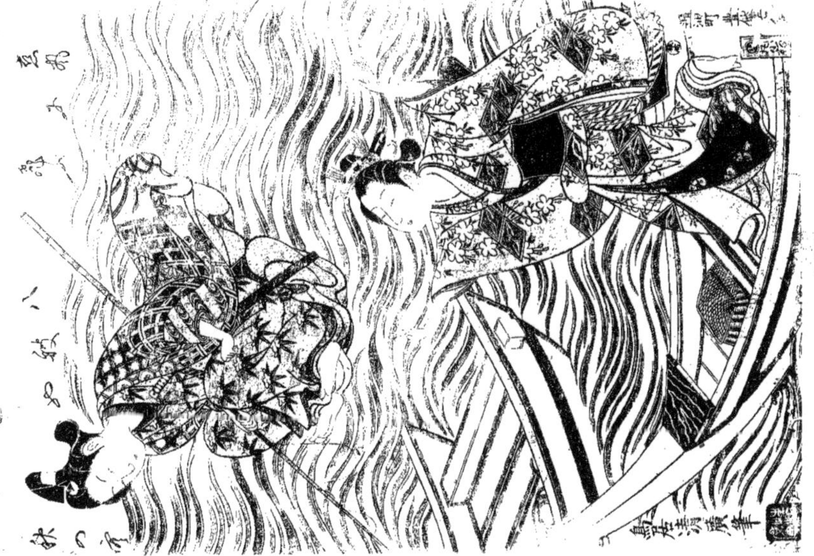

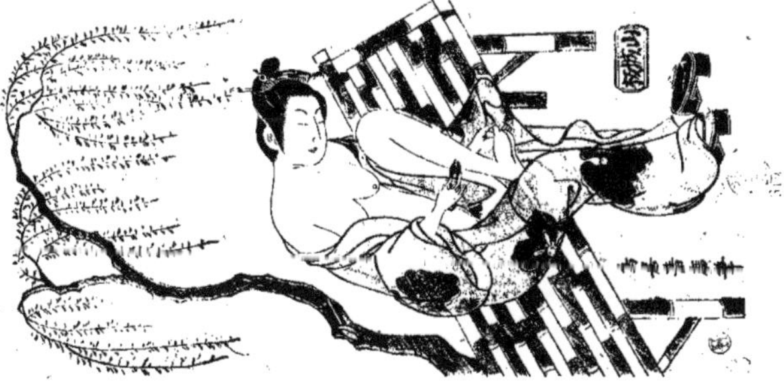

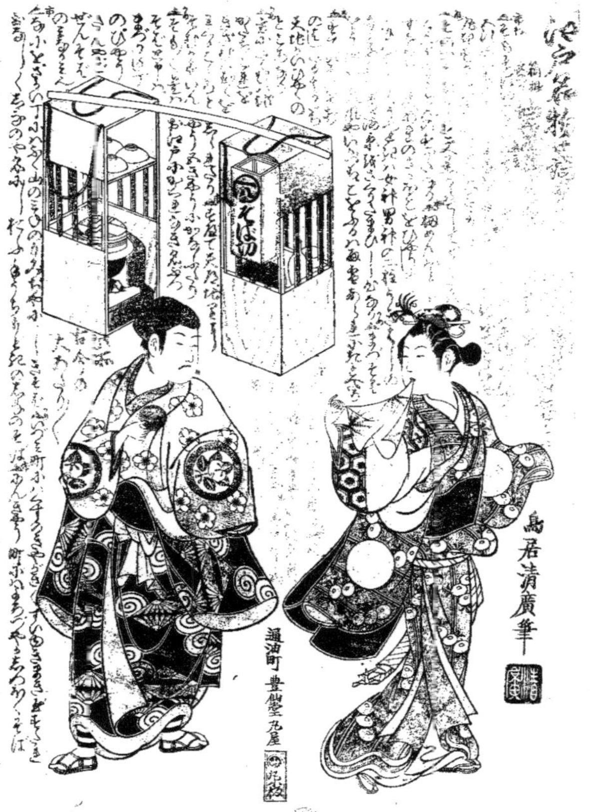

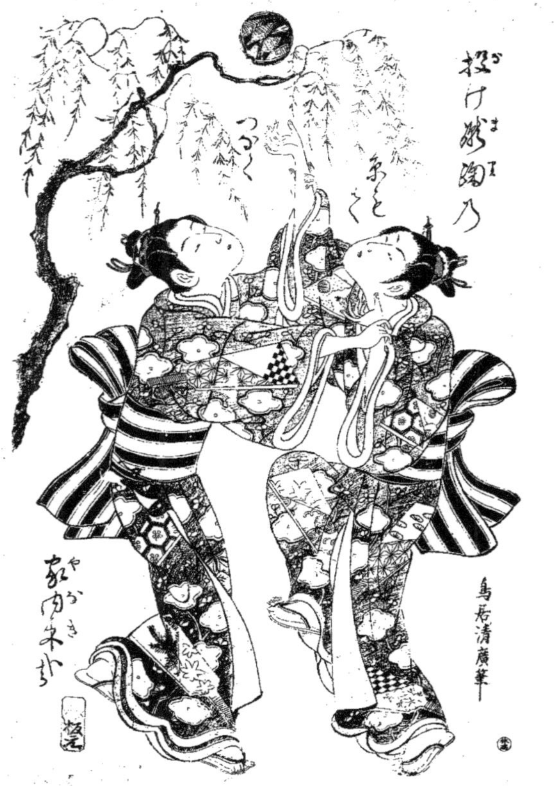

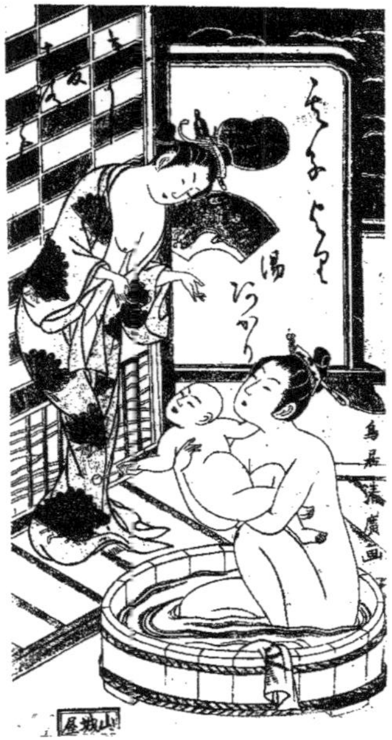

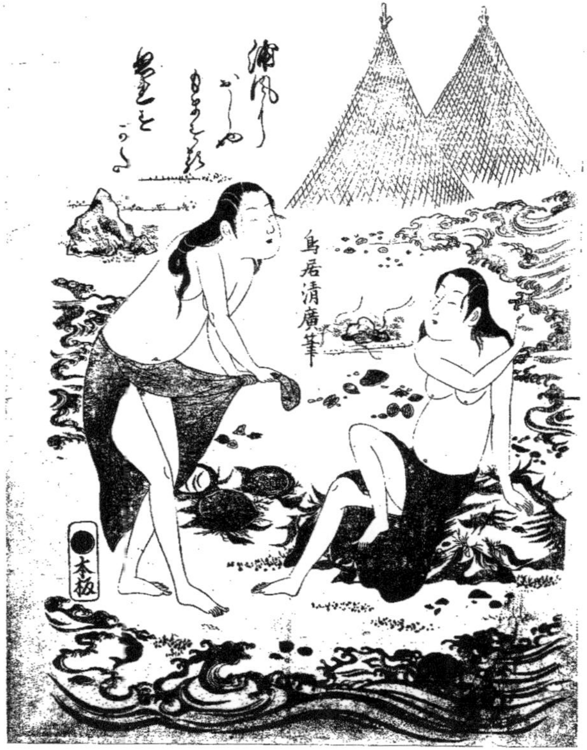

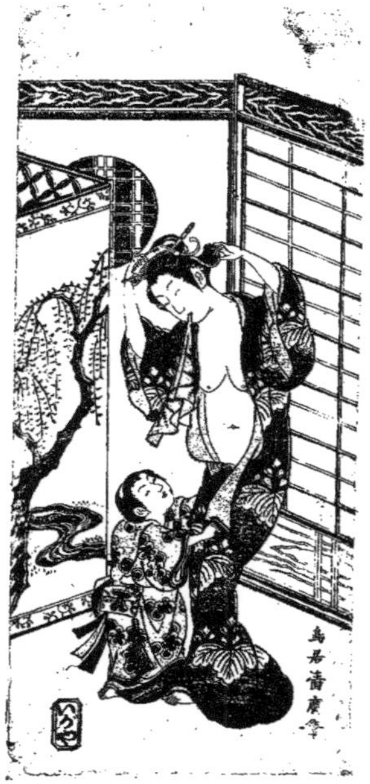

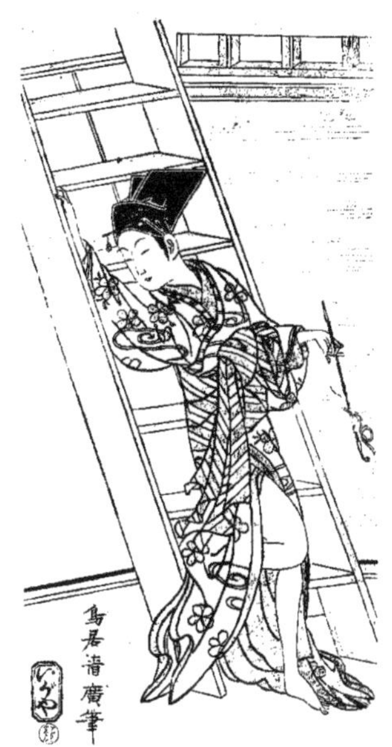

310

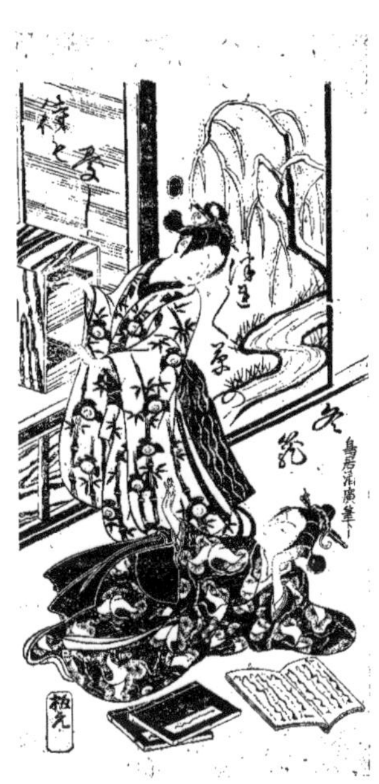

305

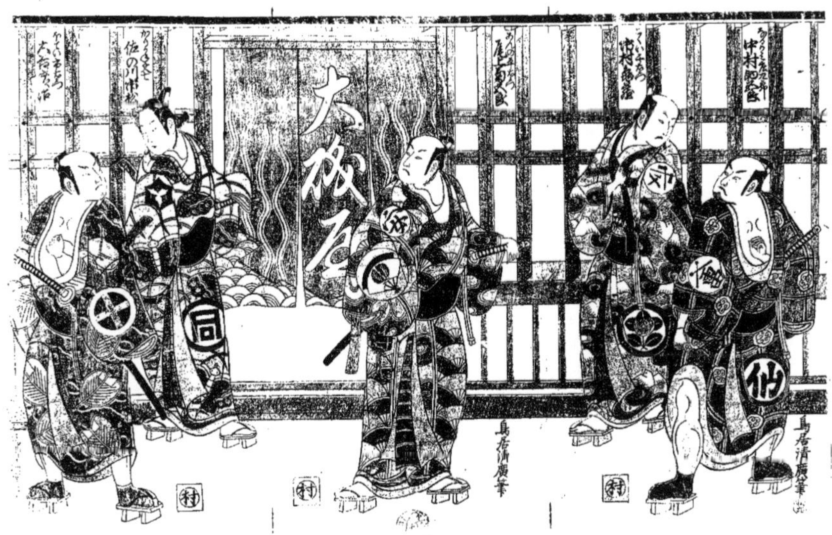

295

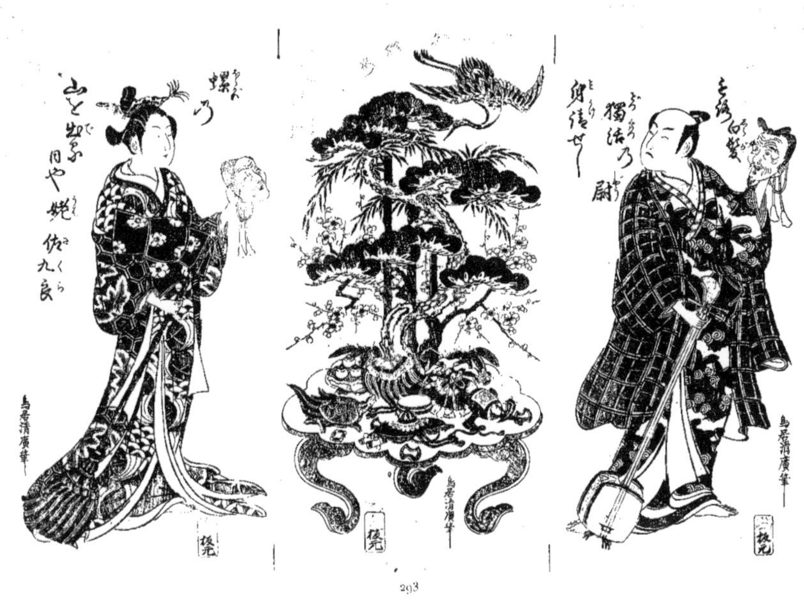

293

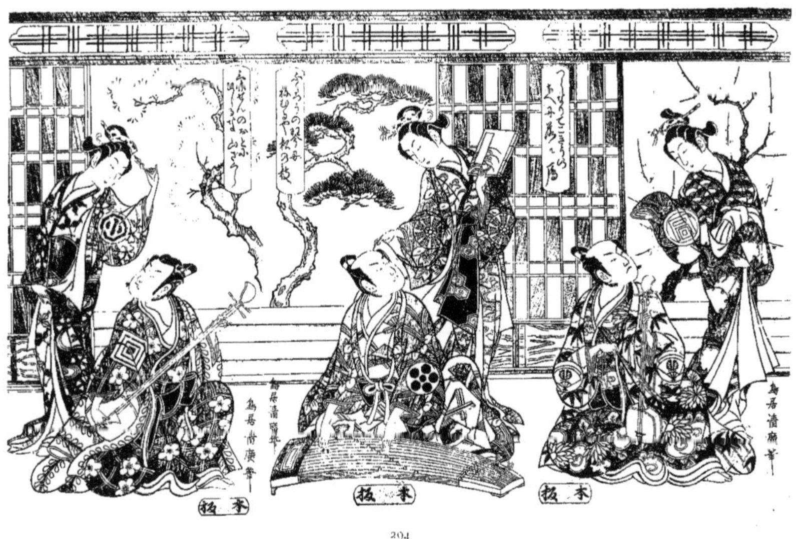

294

9 782329 561066